Disney

PRINZESSIN

Das Backbuch

Inhalt

Kapitel 3: Kuchen, Torten & Cupcakes

Kapitel 4: Frühstücksgenuss

Einleitung

Vor mehr als 80 Jahren war Schneewittchen die allererste Disney-Prinzessin, die auf der großen Kinoleinwand zu sehen war. Seither verzaubern die Disney-Prinzessinnen die ganze Welt und zeigen uns, wie wir unsere Träume leben und uns dabei selbst treu bleiben. Von Schneewittchens Leidenschaft und Mitgefühl über Cinderellas Einfallsreichtum und Zuversicht bis hin zu Dornröschens sanfter Anmut – mit seinen Prinzessinnen hat Disney seine Fans inspiriert, immer wieder aufs Neue verzaubert und ihnen gezeigt, was es heißt, die beste Version seiner selbst zu werden.

Aber Mitgefühl, Zuversicht und Anmut sind nicht das Einzige, was eine Disney-Prinzessin ausmacht – genauso wie diese Eigenschaften nicht nur für ein bestimmtes Geschlecht oder die Bevölkerung eines bestimmten Landes typisch sind. In der zweiten Ära von Prinzessinnenfilmen, die von Fans auch Disney-Renaissance genannt wird, lernten wir eine Reihe von jungen Frauen kennen, die die Vorstellung davon, was es heißt, eine Prinzessin zu sein, vollkommen auf den Kopf stellten. Die freiheitsliebende Arielle, die neugierige, selbstbewusste Belle, die abenteuerlustige, temperamentvolle Jasmin, die offene, großzügige Pocahontas und die sture, unabhängige Mulan sind nicht nur das Gegenteil einer typischen Prinzessin, sondern sie alle haben Eigenschaften, die auch viele von uns in sich tragen.

Heute, nach fast einem Jahrhundert voller Disney-Filme, befinden wir uns mitten in der zweiten Disney-Renaissance und an einem neuen Höhepunkt: Die fleißige, kluge Tiana, die lebhafte, kreative Rapunzel und die aufmüpfige Merida, die nichts lieber tun würde, als endlich selbst das Kommando zu übernehmen, zeigen uns allen, egal, ob Kindern oder Erwachsenen, dass wir zwar nicht immer perfekt sein können, aber zumindest versuchen sollten, auf unsere Weise perfekt zu sein und so die beste Version unserer selbst zu werden. Und genau das ist es, worum es im Grunde bei all den unterschiedlichen Disney-Prinzessinnenfilmen geht.

Der Versuch, die beste Version seiner selbst zu werden, ist etwas, das man feiern sollte. Und egal, um welchen magischen Moment es sich handelt, ob Geburtstage oder einen schulischen Erfolg: Dafür ist etwas Selbstgebackenes, mit dem man Freunde und Familie verwöhnt, immer perfekt geeignet. Denn so schafft man wunderschöne, einzigartige Erinnerungen, an die man noch lange denkt!

Es gibt keinen speziellen Anlass? Auch kein Problem, denn feiern kann man doch eigentlich immer! Und mit etwas Übung und einer Prise Disney-Magie ist das auch gar nicht schwer: Also, mach dich ans Werk und plane einen Mitternachtsball wie bei Cinderella, zum Beispiel mit den leckeren Mitternachts-Moon-Pies, entführe deine Freunde zu einem diebisch leckeren Sonntagsbrunch mit Aladdins gestohlenen Milchbrötchen oder schnapp dir ein paar Dingelhopper und serviere zum nächsten Filmabend Arielles Geheime-Höhle-Kuchen. Lass deiner Fantasie einfach freien Lauf, denn wenn es darum geht, sich etwas Disney-Magie nach Hause zu holen, ist wirklich alles erlaubt!

Fantastische Tipps zum Backen wie eine Prinzessin

Egal, ob man noch nie gebacken oder bereits etwas Erfahrung damit hat: Es gibt ein paar Grundlagen, die man kennen sollte, bevor man loslegt. Hier findest du hilfreiche Hinweise zum sicheren Backen und fantastische Tipps, mit denen deine magischen Leckereien auf jeden Fall gelingen.

SICHERHEIT IST DAS A UND O!

Jeder Profi-Bäcker weiß, dass Sicherheit das Allerwichtigste ist. Bevor du dich ans Werk machst, solltest du daher Folgendes beachten:

- Wende dich an einen Erwachsenen, wenn du Fragen hast oder Hilfe brauchst, vor allem wenn du mit Küchengeräten oder scharfen Messern hantierst oder etwas in den heißen Backofen gibst.

- Sei besonders vorsichtig, wenn du scharfe Messer und spitziges oder scharfes Zubehör verwendest.

- Wasch dir die Hände mit warmem Wasser und Seife, bevor du loslegst.

- Binde dir deine Haare zu einem Pferdeschwanz oder stecke sie dir mit Haarklammern aus dem Gesicht, damit sie dir nicht im Weg sind.

- Geh nicht aus der Küche, wenn du etwas auf dem Herd oder im Backofen hast. Stell dir außerdem am besten immer einen Timer, so stellst du sicher, dass nichts zu lange gekocht oder gebacken wird.

- Verwende dick gepolsterte Ofenhandschuhe, wenn du heiße Backformen, Töpfe, Pfannen oder Ähnliches anfasst, und achte darauf, dass sie nicht nass werden – nasse Ofenhandschuhe und auch Geschirrtücher schützen weniger gut vor Hitze!

- Lass heiße Backformen, Töpfe, Pfannen und Ähnliches abkühlen, bevor du sie abspülst.

- Es ist zwar sehr verführerisch, frisch gebackene Kekse oder Kuchen sofort zu probieren, wenn sie aus dem Backofen kommen, halte dich aber immer an die im Rezept angegebenen Anweisungen zum Abkühlen, damit du dir nicht die Zunge verbrennst – außerdem schmeckt es so auch meist besser!

FEHLER SIND DA, UM AUS IHNEN ZU LERNEN!

Hier findest du Tipps zu häufigen Problemen, die beim Backen auftreten können. Das Allerwichtigste ist dabei, dass man kreativ ist, wenn einmal etwas schiefgeht, um keine wertvollen Lebensmittel zu verschwenden! Zu lange gebackene Kekse kann man zum Beispiel zerbröseln und als Dekoration für einen leckeren Eisbecher verwenden. Aus einem zusammengefallenen Kuchen kann man einen leckeren Trifle zubereiten. Und an den Rändern verbrannte Pieböden eignen sich toll für leckere Schichtdesserts: Einfach die Füllung und einige Löffel Schlagsahne abwechselnd in hübsche Gläser schichten und die nicht verbrannten Teile des Piebodens darüberbröseln!

Kekse

Kekse verlaufen beim Backen: Das liegt meist daran, dass die Butter zu weich war, der Teig nicht lange genug im Kühlschrank war oder das Blech zu warm war.

Kekse verbrennen von unten: Das kann daran liegen, dass die Kekse zu dünn sind oder der Backofen zu heiß ist. Außerdem kann es auch sein, dass das Blech zu dünn ist, zu weit unten in den Backofen gegeben wurde oder während des Backens nicht umgedreht wurde.

Kekse werden nicht gleichmäßig durch: Das liegt meist daran, dass das Blech während des Backens nicht umgedreht wurde – das ist wichtig, da es sein kann, dass der Backofen nicht überall gleich heiß ist.

Kuchen

Die Oberseite des Kuchens wird zu dunkel: Wenn man das früh genug bemerkt, kann man den Kuchen mit Alufolie abdecken – so wird er weniger schnell dunkel. Ist es dafür zu spät, wartet man am besten, bis der Kuchen abgekühlt ist, und schneidet die dunklen Stellen dann mit einem Brotmesser vorsichtig weg.

Der Kuchen geht nicht auf: Das kann daran liegen, dass das Backtriebmittel, also Natron oder Backpulver, vergessen wurde oder abgelaufen ist. Oder aber der Backofen war nicht heiß genug – verwende ein Küchenthermometer, um zu prüfen, ob die Temperatur im Backofen mit der eingestellten Temperatur übereinstimmt!

Der Kuchen ist trocken: Das liegt meist entweder daran, dass er zu lange gebacken wurde, oder daran, dass die Kuchenmasse zu lange gerührt wurde. Wenn nicht anders angegeben, sollte man immer nur so lange rühren, bis alle Zutaten gut vermischt sind.

Pies

Der Pie zerfällt, wenn man ihn anschneidet: Pies mit Obstfüllung sind meist sehr saftig, wenn sie heiß sind, man sollte sie daher komplett auskühlen lassen, bevor man sie anschneidet. Pies mit Cremefüllung müssen in den Kühlschrank, um richtig fest zu werden.

Der Pieboden ist zu hart: Das liegt meist daran, dass die Butter oder das Wasser zu warm waren, der Teig zu lange geknetet wurde und/oder nicht lange genug im Kühlschrank war und daher beim Ausrollen zu warm war.

Der Pieboden ist matschig: Das liegt entweder daran, dass der Backofen nicht heiß genug war, oder daran, dass der Pie zu weit oben in den Backofen gegeben wurde und so nicht genug Hitze von unten bekommen hat. Um sicherzustellen, dass der Boden beim Abkühlen nicht durchweicht, sollte man Pies außerdem immer in der Form auf einem Kuchengitter abkühlen lassen.

Die Ränder des Pies werden zu dunkel: Das lässt sich verhindern, indem man die Ränder mit Alufolie abdeckt, wenn man merkt, dass sie zu schnell Farbe annehmen.

KAPITEL 1

Kekse & Riegel

Gute-Fee-Zauberstab-Cakepops mit Marshmallows und Puffreis

Mit einem Schwenk ihres magischen Zauberstabs kann die gute Fee in *Cinderella* jeden alltäglichen Gegenstand verwandeln, in was immer sie will. Diese hübschen Cakepops mit Sternen aus Marshmallows und Puffreis sehen aus wie kleine Zauberstäbe – und sie verzaubern ganz sicher jeden Partygast im Handumdrehen: Die fertigen Cakepops einfach nach Wunsch mit bunten Schleifen und Zuckerstreuseln dekorieren und dann loszaubern!

45 g Butter

200 g Mini-Marshmallows

180 g Puffreis oder Rice Krispies

Mehl für den Ausstecher

375 g weiße Schokoladenchips oder gehackte weiße Schokolade

60 g Pflanzenfett

Zuckerstreusel zum Dekorieren

Ergibt 12 Cakepops

Rezeptvariante
Statt Zuckerstreuseln eignen sich zum Dekorieren auch gehackte Nüsse!

Den Boden einer rechteckigen Backform (33 x 23 cm) und ein Backblech mit Backpapier auslegen und ein Stück Backpapier in der Größe der Backform zuschneiden.

Die Butter in einen großen Topf geben und bei geringer Temperatur zerlassen. Die Mini-Marshmallows dazugeben und unter ständigem Rühren schmelzen lassen. Die Hälfte des Puffreises dazugeben und gut unterrühren, dabei darauf achten, die gepufften Reiskörner nicht zu zerdrücken. Den restlichen Puffreis dazugeben und ebenfalls unterrühren. Den Topf vom Herd nehmen und die Mischung etwa 2 Minuten abkühlen lassen.

Die Mischung in die vorbereitete Backform geben, das zugeschnittene Stück Backpapier darauflegen, die Mischung mit den Händen gleichmäßig in die Form drücken und dann das Backpapier wieder entfernen. Einen Stern-Ausstecher (Ø 9 cm) mit Mehl bestäuben, möglichst viele Sterne aus der Puffreismischung ausstechen und diese auf das vorbereitete Backblech geben. In jeden Stern seitlich zwischen je zwei Spitzen ein Holzstäbchen stecken und dieses etwa 4 cm tief in den Stern schieben – und fertig ist der Zauberstab! Die Reste der Puffreismischung aus der Form nehmen und in den Stern-Ausstecher drücken, um weitere Sterne zu formen – dabei sollte man unbedingt zügig vorgehen, denn die Mischung lässt sich nicht mehr so gut formen, wenn sie abkühlt. Auch in diese Sterne Holzstäbchen stecken, bis man insgesamt zwölf Cakepop-Zauberstäbe hat.

Schokoladenchips und Pflanzenfett in eine kleine mikrowellenbeständige Schüssel geben und etwa 25 Sekunden in der Mikrowelle erhitzen. Die Schüssel herausnehmen, gut umrühren und die Mischung dann in 15-Sekunden-Intervallen in der Mikrowelle erhitzen, dabei immer wieder umrühren, bis die Schokolade geschmolzen ist und eine glatte Mischung entsteht.

Die Zuckerstreusel in eine kleine Schüssel geben. Die Cakepop-Sterne nacheinander zuerst in der geschmolzenen Schokolade und dann in den Streuseln wenden, bis sie rundherum komplett mit Schokolade und Streuseln bedeckt sind. Die fertigen Cakepops wieder auf das mit Backpapier ausgelegte Backblech geben und etwa 20 Minuten stehen lassen, bis die Schokolade fest geworden ist. In einem luftdicht verschließbaren Behältnis halten sich die Zauberstab-Cakepops bis zu 3 Tage.

Jasmins Pistazien-Honig-Baklavas

Baklavas sind ein im gesamten Nahen Osten verbreitetes, sehr beliebtes Gebäck aus gerösteten Nüssen – meist Walnüssen und/oder Pistazien – geschichtet zwischen wunderbar knusprig-buttrigem Filoteig. Oft werden Baklavas zu speziellen Anlässen serviert, wie etwa zur Verlobung von Aladdin und Jasmin. Wichtig ist dabei, dass man den Filoteig, falls er gefroren war, bereits am Tag zuvor zum Auftauen in den Kühlschrank gibt. Für dieses Rezept braucht man 300–340 g Filoteig, den Rest kann man einfach anderweitig verwenden.

455 g geröstete Pistazien, plus 30 g gemahlene Pistazien zum Bestreuen (optional)

60 g Zucker

1 TL gemahlener Zimt

185 g Butter

500 g Filoteig aus dem Kühlregal oder gefroren und nach Packungsangabe aufgetaut

Für den Honigsirup

250 g Zucker

275 g Honig

1 Zimtstange

1 Orangenschalenstreifen

Ergibt 24 Baklavas

Den Backofen auf 180 °C vorheizen. Pistazien, Zucker und Zimt in die Küchenmaschine geben und grob mahlen – die Mischung sollte nicht zu fein gemahlen werden, es dürfen ruhig noch kleinere Pistazienstückchen zu sehen sein. Die Pistazienmischung auf vier Schüsseln verteilen.

Die Butter in einen kleinen Topf geben und bei geringer Temperatur zerlassen. Den Topf von der Hitze nehmen und eine rechteckige Backform (33 x 23 cm) mit etwas Butter auspinseln.

Die Filoteigplatten auf eine saubere Arbeitsfläche geben und mit einem scharfen Messer zuschneiden, sodass sie genau in die vorbereitete Backform passen. Ein Stück Frischhaltefolie und dann ein leicht feuchtes Geschirrtuch auf die Filoteigplatten geben, damit sie nicht austrocknen. Während des Schichtens die nicht benötigten Filoteigplatten immer wieder mit der Frischhaltefolie und dem Geschirrtuch abdecken. (Die Frischhaltefolie ist wichtig, wenn man nur ein feuchtes Geschirrtuch verwendet, kann es sein, dass die Filoteigplatten feucht werden und zusammenkleben.) Eine Filoteigplatte in die mit Butter ausgepinselte Backform geben und gleichmäßig mit zerlassener Butter bepinseln. Eine weitere Filoteigplatte daraufgeben und diese ebenfalls mit Butter bepinseln. Diesen Vorgang wiederholen, bis insgesamt sieben Schichten Filoteig in der Form geschichtet sind. (Falls die Butter in der Zwischenzeit wieder fest wird, den Topf einfach wieder auf den Herd stellen und die Butter sanft erwärmen.)

Ein Viertel der Pistazienmischung auf der letzten Filoteigplatte verteilen. Weitere fünf Filoteigplatten in die Backform schichten und jeweils mit zerlassener Butter bepinseln und dann ein weiteres Viertel der Pistazienmischung auf der letzten Filoteigplatte verteilen. Diesen Vorgang noch zweimal wiederholen. Schließlich auf die letzte Schicht Pistazienmischung wieder sieben Filoteigplatten schichten und jeweils mit Butter bepinseln. Die geschichteten Filoteigplatten mit einem großen, scharfen Messer in zwölf Quadrate und diese wiederum in Dreiecke schneiden. Die Baklavas etwa 40 Minuten backen, bis der Filoteig goldbraun und knusprig ist.

In der Zwischenzeit für den Honigsirup Zucker, Honig, 180 ml Wasser, die Zimtstange sowie den Orangenschalenstreifen in einen kleinen Topf geben und bei mittlerer Temperatur einmal aufkochen lassen, dann die Temperatur reduzieren und die Mischung unter gelegentlichem Umrühren sanft köcheln lassen, bis sie leicht eindickt und eine sirupartige Konsistenz bekommt – das dauert etwa 15 Minuten. Den Topf von der Hitze nehmen und den Honigsirup auf Zimmertemperatur abkühlen lassen.

Die Baklavas aus dem Backofen nehmen und die Form auf ein Kuchengitter stellen. Die Zimtstange und die Orangenschale aus dem Honigsirup nehmen und den Sirup gleichmäßig über die Baklavas gießen. Die Baklavas mindestens 4 Stunden oder noch besser über Nacht durchziehen lassen und dann nach Wunsch mit gemahlenen Pistazien bestreut servieren. Abgedeckt halten sie sich bei Zimmertemperatur oder im Kühlschrank bis zu 2 Wochen.

Arielles magische Meeresmuscheln

Diese wunderbar vanilligen Leckerbissen, die man auch unter dem Namen Madeleines kennt, sind im Grunde einfach kleine, luftig-leichte Biskuitküchlein. Sie werden in einer speziellen Madeleine-Form mit muschelförmigen Vertiefungen gebacken und hier zur Krönung in ein Meer aus geschmolzener weißer Schokolade getunkt – perfekt für eine echte Prinzessin (oder eine echte Meerjungfrau)!

60 g Butter, zerlassen und abgekühlt, plus etwas mehr für die Form

75 g Mehl, plus etwas mehr für die Form

2 Eier (M)

90 g Zucker

¼ TL Salz

1 TL reines Vanilleextrakt

60 g weiße Schokoladenchips oder gehackte weiße Schokolade

Ergibt 12 Madeleines

Rezeptvariante

Statt der geschmolzenen weißen Schokolade kann man auch einen etwas leichteren Erdbeer-Zitronen-Guss verwenden. Dafür einfach 60 g zerdrückte Erdbeeren, 1 EL frisch gepressten Zitronensaft, etwas Puderzucker und ¼ TL Honig mit einer Gabel verrühren und dann auf den Madeleines verteilen.

Den Backofen auf 190 °C vorheizen. Die muschelförmigen Vertiefungen einer Madeleine-Form gründlich mit Butter auspinseln und dann mit Mehl ausstäuben, dabei die Form immer wieder leicht auf die Arbeitsfläche klopfen, damit sich das Mehl schön verteilt, und überschüssiges Mehl anschließend sanft aus der Form klopfen.

Eier, Zucker und Salz in eine große Schüssel geben und mit dem Handrührgerät auf mittlerer Stufe etwa 5 Minuten schaumig rühren. Das Vanilleextrakt dazugeben und gut unterrühren. Das Handrührgerät kurz ausschalten und die Masse mit einem Spatel von den Seitenwänden der Schüssel nach unten schieben. Das Mehl in die Schüssel sieben und dann auf niedrigster Stufe unterrühren, bis alles gut vermischt ist. Schließlich zunächst etwa die Hälfte der zerlassenen Butter mit dem Spatel unterheben, bis alles gut vermischt ist, und dann die restliche Butter unterheben.

Je einen gehäuften Esslöffel der Masse in die Vertiefungen der vorbereiteten Madeleine-Form geben und die Madeleines anschließend 10–12 Minuten backen, bis die Oberfläche fest ist, aber leicht nachgibt, wenn man mit einem Finger daraufdrückt. Die Form aus dem Backofen nehmen, auf ein Kuchengitter stürzen und sanft auf den Boden der Form klopfen, bis sich die Madeleines aus der Form lösen. Falls sie sich nicht aus der Form lösen, die Madeleines mit einem Messer vorsichtig von den Seiten lösen, dann die Form stürzen und sanft auf den Boden klopfen, bis sie sich lösen. Die Madeleines auf dem Kuchengitter komplett auskühlen lassen.

Ein Backblech mit Backpapier auslegen. Die Schokoladenchips in eine kleine mikrowellengeeignete Schüssel geben und in 20-Sekunden-Intervallen in der Mikrowelle erhitzen, dabei immer wieder umrühren, bis sie geschmolzen ist. Die Schokolade darf dabei nicht zu stark erhitzt werden, sonst kann es sein, dass sie gerinnt und klumpig wird. Die ausgekühlten Madeleines nacheinander mit der breiten Seite in die Schokolade tunken und dann mit den Rillen nach oben auf das vorbereitete Backblech geben.

Die Madeleines schließlich 10–15 Minuten in den Kühlschrank geben, bis die Schokolade fest geworden ist. Am besten schmecken Arielles zauberhafte Meeresmuscheln, wenn man sie an dem Tag serviert, an dem man sie gebacken hat.

Dornröschens-Kuss-Kekse

Die böse Fee Malefiz belegt Prinzessin Aurora bei ihrer Geburt mit einem Fluch, durch den sie an ihrem 16. Geburtstag sterben soll. Zum Glück schaffen es die drei guten Feen Flora, Fauna und Sonnenschein im letzten Moment, den Fluch abzuschwächen: Sie soll stattdessen nur in einen langen Schlaf fallen, bis sie der Kuss ihrer wahren Liebe wieder aufweckt. Diese weichen Erdnussbutterkekse mit den kleinen Schokoladenküssen erinnern an den Kuss der wahren Liebe und sind damit genau das Richtige für einen *Dornröschen*-Filmabend.

390 g glatte Erdnussbutter (Zimmertemperatur)

155 g Rohrohrzucker

1 Ei (M)

1 TL reines Vanilleextrakt

75 g Mehl

etwa 25 Hershey's Kisses (alternativ Schokopralinen)

Ergibt etwa 25 Kekse

Den Backofen auf 180 °C vorheizen und ein Backblech mit Backpapier auslegen.

Erdnussbutter und Zucker in eine große Schüssel geben und mit dem Handrührgerät auf mittlerer Stufe etwa 30 Sekunden lang glatt rühren. Das Handrührgerät kurz ausschalten und die Mischung mit einem Spatel von den Seitenwänden der Schüssel nach unten schieben. Das Ei und das Vanilleextrakt dazugeben und auf mittlerer Stufe unterrühren. Schließlich das Mehl dazugeben und auf niedrigster Stufe unterrühren, bis alles gut vermischt ist.

Einen gehäuften Esslöffel der Mischung in eine Handfläche geben, zwischen den Händen zu einer Kugel rollen und diese auf das vorbereitete Backblech geben. So weitere Kugeln aus der Mischung formen und mit etwa 2,5 cm Abstand zueinander auf das Backblech geben.

Die Kekse 10–12 Minuten backen, bis sie leicht aufgehen und die Oberfläche trocken aussieht. Das Blech aus dem Backofen nehmen und auf ein Kuchengitter stellen. Auf jeden Keks einen Hershey's Schokoladenkuss mit der Spitze nach oben setzen und leicht andrücken, sodass sie in den Keksen versinken. Die Kekse auf dem Blech etwa 10 Minuten abkühlen lassen, dann auf ein Kuchengitter geben und komplett auskühlen lassen. Übrige Kekse halten sich in einem luftdicht verschließbaren Behältnis bei Zimmertemperatur bis zu 7 Tage.

Rapunzels magische Blumen

Ein einzelner Sonnenstrahl schuf die magische goldene Blume, die die Macht hat, ewige Jugend und Schönheit zu schenken. Die Macht der Blume ging durch einen Zufall auf Rapunzel über, die daher jetzt langes, blondes magisches Haar hat – und es ist diese Macht, die die böse Hexe Gothel braucht, um jung zu bleiben. Diese mit Zuckerguss verzierten Blumen-Ingwerkekse sorgen vielleicht nicht dafür, dass einem lange, blonde magische Haare wachsen oder dass man für immer jung bleibt, aber sie schmecken auf jeden Fall magisch lecker!

Für die Kekse

390 g Mehl, plus etwas mehr für die Arbeitsfläche

2 TL gemahlener Ingwer

½ TL gemahlener Zimt

½ TL Natron

½ TL Salz

¼ TL gemahlene Muskatnuss

125 g weiche Butter

60 g Zucker

60 g Rohrohrzucker

1 Ei (M)

170 g ungeschwefelte Melasse

Für den Zuckerguss

190 g Puderzucker

3 EL frisch gepresster Zitronensaft, plus etwas mehr nach Bedarf

einige Tropfen gelbe Lebensmittelfarbe sowie weitere Lebensmittelfarben nach Wunsch (optional)

lila, orange oder weiße Liebesperlen zum Verzieren

Ergibt etwa 18 Kekse

Für die Kekse Mehl, Ingwer, Zimt, Natron, Salz und Muskat in eine mittelgroße Schüssel geben und gut vermischen. Butter, Zucker und Rohrzucker in eine große Schüssel geben und mit dem Handrührgerät auf mittlerer Stufe etwa 2 Minuten schaumig rühren. Das Ei dazugeben und etwa 1 Minute unterrühren, dann nach und nach die Melasse dazugeben und auf niedrigster Stufe unterrühren. Das Handrührgerät kurz ausschalten und die Mischung mit einem Spatel von den Seitenwänden der Schüssel nach unten schieben. Die Mehlmischung dazugeben und etwa 30 Sekunden auf niedrigster Stufe unterrühren.

Den Teig auf eine saubere Arbeitsfläche geben, zu einer Kugel formen, in zwei Hälften teilen und diese jeweils zu einer dicken Scheibe flach drücken. Die Teigscheiben in Frischhaltefolie einschlagen und mindestens 1 Stunde bis zu 2 Tage in den Kühlschrank geben.

Zwei Backbleche mit Backpapier auslegen. Eine Teigscheibe auf eine leicht bemehlte Arbeitsfläche geben und etwa 6 mm dünn ausrollen. Mit einem Blumen-Ausstecher (Ø 10 cm) so viele Kekse wie möglich ausstechen und mit etwa 2,5 cm Abstand zueinander auf die vorbereiteten Backbleche geben. Die Teigreste verkneten, in Frischhaltefolie einschlagen und in den Kühlschrank geben. Mit der zweiten gekühlten Teigscheibe wiederholen. Die Teigreste mit den gekühlten Teigresten verkneten, wieder ausrollen und weitere Kekse ausstechen, bis der Teig aufgebraucht ist. Falls sich der Teig nicht mehr gut ausrollen lässt, einfach wieder in Frischhaltefolie einschlagen und etwa 10 Minuten in den Kühlschrank geben. Die Kekse auf den Backblechen in den Kühlschrank geben.

Den Backofen auf 190 °C vorheizen. Sobald der Backofen vorgeheizt ist, die Kekse hineingeben und 8–10 Minuten backen, bis sie goldbraun sind, dabei nach der Hälfte der Backzeit die Bleche einmal tauschen. Die Kekse auf den Blechen auf Kuchengittern etwa 5 Minuten abkühlen lassen, dann auf ein Kuchengitter geben und komplett auskühlen lassen.

Für den Zuckerguss den Puderzucker in eine Schüssel sieben, den Zitronensaft dazugeben und mit einem Schneebesen glatt rühren, dabei nach Bedarf noch mehr Zitronensaft dazugeben, bis ein dicker Guss entsteht. Die gelbe Lebensmittelfarbe unterrühren oder den Guss auf Schüsseln verteilen und die verschiedenen Farben unterrühren.

Auf jedem Keks mit einer kleinen Palette eine dünne Schicht gelben Zuckerguss verteilen. Falls verwendet die anderen Zuckergüsse in Spritzbeutel mit kleinen runden Tüllen füllen, auf jeden Keks mehrere verschieden große, ineinanderliegende Ringe spritzen und dann mithilfe eines Zahnstochers von der Mitte aus nach außen zu den Blütenblättern hin feine Linien ziehen. Schließlich noch einige Liebesperlen in die Mitte der Blumen geben und die Kekse dann etwa 20 Minuten stehen lassen, bis der Guss getrocknet ist. Zwischen Backpapierstücke geschichtet halten sich die Kekse in einem luftdicht verschließbaren Behältnis bei Zimmertemperatur bis zu 3 Tage.

Vaianas Herz-der-Göttin-Te-Fiti-Kekse

Das Herz der Göttin Te Fiti ist ein magischer Stein, mit dem neues Leben erschafft werden kann. Lange Zeit nachdem es gestohlen wurde, liegt es schließlich an Vaiana, die vom Ozean auserwählt ist, das Herz auf die Insel der Göttin zurückzubringen und so das natürliche Gleichgewicht wiederherzustellen. Diese leckeren grünen Kekse sind inspiriert von dem mit geheimnisvollen Zeichen verzierten magischen Herz der Göttin Te Fiti. Nach Wunsch kann man auch nur Vanille- und kein Pfefferminzextrakt verwenden.

315 g Mehl

1 TL Backpulver

¼ TL Salz

185 g weiche Butter

185 g Zucker

1 Eigelb (M)

1 ½ TL reines Vanilleextrakt

½ TL grüne Gel-Lebensmittelfarbe, plus etwas mehr nach Bedarf

½ TL reines Pfefferminzextrakt

etwa 125 g Dekorzucker (optional)

Ergibt etwa 48 Kekse

Mehl, Backpulver und Salz in eine mittelgroße Schüssel geben und gut vermischen. Butter und Zucker in eine große Schüssel geben und mit dem Handrührgerät auf mittlerer Stufe etwa 5 Minuten schaumig rühren. Das Handrührgerät kurz ausschalten und die Mischung mit einem Spatel von den Seitenwänden der Schüssel nach unten schieben. Das Eigelb und das Vanilleextrakt dazugeben und unterrühren. Die Hälfte der Mehlmischung dazugeben und auf niedrigster Stufe gut unterrühren und schließlich die restliche Mehlmischung unterrühren, bis alles gut vermischt ist.

Den Teig auf eine saubere Arbeitsfläche geben, zu einer Kugel formen und diese in zwei Hälften teilen. Eine Teigportion wieder zurück in die Schüssel geben, etwas mehr als die Hälfte der Lebensmittelfarbe und das Pfefferminzextrakt dazugeben und mit den Händen verkneten, bis der Teig gleichmäßig dunkelgrün gefärbt ist. Nach Wunsch kann man nach und nach noch mehr Lebensmittelfarbe dazugeben, um ein kräftigeres Grün zu erhalten. Die zweite Teigportion in eine saubere Schüssel geben, die restliche Lebensmittelfarbe dazugeben und mit den Händen verkneten, bis der Teig gleichmäßig hellgrün gefärbt ist.

Vier etwa 45 x 38 cm große Stücke Backpapier zuschneiden. Den dunkelgrün gefärbten Teig mittig auf eines der Backpapierstücke geben und mit den Händen zu einem Rechteck flach drücken. Ein zweites Stück Backpapier daraufgeben und den Teig zwischen den Backpapierstücken mit einem Nudelholz zu einem etwa 40 x 25 cm großen Rechteck ausrollen. Mit dem hellgrün gefärbten Teig wiederholen. Schließlich die zwei oberen Backpapierstücke vorsichtig abziehen.

Das hellgrüne Teigrechteck mithilfe des Backpapiers auf das dunkelgrüne Teigrechteck stürzen, sodass die Rechtecke entlang den Rändern möglichst genau aufeinanderliegen, und mit den Händen gut zusammendrücken. Das obere Backpapierstück vorsichtig abziehen und die Ränder nach Bedarf mit einem scharfen Messer zuschneiden, sodass gerade Kanten entstehen. Das Teigrechteck schließlich von einer langen Seite her mithilfe des Backpapiers nach und nach einrollen, dabei das Backpapier stückchenweise abziehen. Zum Schluss die offene Kante gut andrücken.

Fortsetzung auf Seite 26

Nach Wunsch kann man nun noch den Dekorzucker gleichmäßig auf einem Backblech verstreuen und die Teigrolle darin hin- und herrollen, bis sie rundherum mit Dekorzucker bedeckt ist. Die Teigrolle schließlich in Frischhaltefolie einschlagen und mindestens 1 Stunde oder noch besser über Nacht in den Kühlschrank geben.

Den Backofen auf 180 °C vorheizen und zwei Backbleche mit Backpapier auslegen.

Die Teigrolle aus dem Kühlschrank nehmen, auf ein großes Schneidebrett geben, die Frischhaltefolie entfernen und die Enden mit einem großen, scharfen Messer abschneiden, sodass gleichmäßig Kanten entstehen. Die Teigrolle in etwa 6 mm dünne Scheiben schneiden und diese mit etwa 5 cm Abstand zueinander auf die vorbereiteten Backbleche geben. Schließlich mithilfe eines kleinen, scharfen Messers Pfeile und Rauten in die Teigscheiben ritzen – dabei kann man sich an dem Muster auf dem Herz der Göttin Te Fiti orientieren.

Die Kekse etwa 12 Minuten backen, bis sie sich fest anfühlen, dabei nach der Hälfte der Backzeit die Bleche einmal tauschen und umdrehen, sodass die Kekse gleichmäßig gebacken werden. Die Kekse etwa 5 Minuten auf den Blechen auf Kuchengittern abkühlen lassen, dann auf Kuchengitter geben und komplett auskühlen lassen. Die Kekse halten sich in einem luftdicht verschließbaren Behältnis bei Zimmertemperatur bis zu 1 Woche.

Rezeptvariante

Die Herz-der-Göttin-Te-Fiti-Kekse schmecken besonders lecker, wenn man sie mit einer Schüssel frischen Erdbeeren und einem großen Glas kalter Milch serviert.

Pocahontas' Haferriegel

Diese Haferriegel mit getrockneten Beeren erhalten durch Datteln und Honig eine tolle natürliche Süße, während Mandelmus und Zimt für ein feines Aroma sorgen – und sie sind perfekt, um wie Pocahontas die schöne, wilde Natur zu feiern. Für die Riegel eignet sich abgesehen von Mandelmus auch Erdnuss- oder Sonnenblumenbutter, und auch bei den getrockneten Früchten hat man absolut freie Wahl. Und für noch mehr Prinzessinnen-Feeling kann man die fertigen Riegel mit geschmolzener weißer Schokolade beträufeln.

Backspray

180 g kernige Haferflocken

30 g Puffreis oder Rice Krispies

50 g getrocknete Blaubeeren, Cranberrys oder Rosinen

½ TL Salz

½ TL gemahlener Zimt

90 g entkernte, gehackte Datteln (etwa 12 Stück)

90 g Honig

45 g Mandelmus, Erdnuss- oder Sonnenblumenbutter

3 EL Kokos- oder Avocadoöl

Ergibt 12 Riegel

Den Backofen auf 180 °C vorheizen. Den Boden und die Seiten einer quadratischen Backform (23 x 23 cm) mit Backspray einsprühen, ein Stück Backpapier zuschneiden und in die Form geben, sodass der Boden und zwei Seitenwände mit Backpapier bedeckt sind und dieses an diesen zwei Seiten etwa 4 cm Überhang hat.

Haferflocken, Puffreis, Blaubeeren, Salz und Zimt in eine große Schüssel geben und gut vermischen. Datteln, Honig, Mandelmus und Kokosöl in die Küchenmaschine geben und etwa 2 Minuten zu einer feinen Paste zerkleinern. Die Dattelmischung in die Schüssel mit der Haferflockenmischung geben und alles mit einem Löffel gut verrühren. Nach Wunsch kann man die Zutaten auch mit den Händen – diese vorher unbedingt gut waschen! – vermischen, sie ist relativ klebrig, sodass es so einfacher ist als mit einem Löffel.

Die Mischung in die vorbereitete Backform geben, gleichmäßig verteilen und gut festdrücken – dafür kann man zum Beispiel ein Glas mit dickem Boden verwenden, sodass eine glatte Oberfläche entsteht. Die Mischung etwa 20 Minuten backen, bis die Oberfläche goldbraun ist, und dann etwa 15 Minuten in der Form auf einem Kuchengitter abkühlen lassen.

Die gebackene Mischung mithilfe des Backpapiers aus der Form heben, auf ein großes Schneidebrett geben und mit einem großen, scharfen Messer halbieren. Die Hälften anschließend der Breite nach in jeweils sechs gleich große Riegel schneiden. Die Riegel vorsichtig vom Backpapier lösen, auf ein Kuchengitter geben und komplett auskühlen lassen. Die Riegel halten sich in einem luftdicht verschließbaren Behältnis bei Zimmertemperatur bis zu 1 Woche.

Jasmins Fliegender-Teppich-Kekse

Der schüchterne, aber sehr neugierige fliegende Teppich, der meist einfach nur Teppich genannt wird, begleitet Aladdin auf seiner abenteuerlichen Reise mit dem Ziel, Jasmins Herz zu erobern, und rettet ihm dabei das ein oder andere Mal sogar das Leben. Diese Pistazien-Grieß-Kekse sind eine Abwandlung der libanesischen Kekse *ghraybeh*. Sie sind wunderbar weich-krümelig und erhalten durch Kardamom, Orangenschale und Orangenblütenwasser ein tolles orientalisches Aroma. Und mit einem Stück Spitze oder Tortenspitze und etwas Puderzucker lässt sich ein tolles Muster zaubern, sodass die Kekse wie kleine Teppiche aussehen.

30 g Pistazien

155 g Mehl, plus etwas mehr für die Arbeitsfläche

85 g Grieß

65 g Puderzucker, plus etwas mehr zum Bestäuben

½ TL Backpulver

¼ TL gemahlener Kardamom oder Zimt

¼ TL Salz

150 g weiche Butter, in Stückchen geschnitten

abgeriebene Schale von 1 Bio-Orange

1 Ei (M)

1 EL Orangenblütenwasser

Ergibt 16 Kekse

Die Pistazien in die Küchenmaschine geben und fein mahlen. Mehl, Grieß, Puderzucker, Backpulver, Kardamom und Salz dazugeben und mixen, bis alles gut vermischt ist. Die Butterstückchen darüber verteilen, den Orangenabrieb dazugeben und weitermixen, bis eine feucht-krümelige Mischung entsteht, die von der Konsistenz her an Semmelbrösel erinnert. Das Ei und das Orangenblütenwasser dazugeben und wieder mixen, bis alles gut vermischt ist. Den Teig mit Frischhaltefolie abdecken und mindestens 30 Minuten oder noch besser über Nacht in den Kühlschrank geben.

Den Backofen auf 180 °C vorheizen und zwei Backbleche mit Backpapier auslegen.

Den Teig auf eine leicht bemehlte Arbeitsfläche geben und etwa 6 mm dünn zu einem etwa 40 x 20 cm großen Rechteck ausrollen. Die Ränder mit einem scharfen Messer geradeschneiden und das Rechteck dann in 16 etwa 10 x 5 cm große Rechtecke schneiden. Die Rechtecke mit etwa 2,5 cm Abstand zueinander auf die vorbereiteten Backbleche geben und die kurzen Seiten mit einem scharfen Messer jeweils sechs- bis achtmal etwa 1 cm tief einschneiden – das sind die Teppichfransen.

Die Kekse auf den Backblechen etwa 15 Minuten ins Gefrierfach geben – das sorgt dafür, dass sie beim Backen ihre Form behalten. Ein Blech aus dem Gefrierfach nehmen, in den Backofen geben und die Kekse etwa 15 Minuten backen, bis sie goldbraun sind. Die Kekse auf dem Blech auf einem Kuchengitter etwa 10 Minuten abkühlen lassen, dann auf ein Kuchengitter geben und komplett auskühlen lassen. Die übrigen Kekse ebenso backen und auskühlen lassen.

Ein Stück Spitze oder Tortenspitze auf einen Keks legen und den Keks dann mit Puderzucker bestäuben, sodass ein „Teppichmuster" entsteht. Die Spitze vorsichtig wegnehmen und mit den restlichen Keksen wiederholen. Alternativ kann man die Kekse auch nur mit Puderzucker bestäuben. Am besten schmecken die Kekse an dem Tag, an dem sie gebacken wurden.

Rezeptvariante

Für noch mehr Ballaststoffe und Kalzium sorgt eine leckere Dattelfüllung: Dafür 90 g entkernte Medjool-Datteln, 2 EL frisch gepressten Orangensaft und eine Prise gemahlenen Zimt in der Küchenmaschine zu einer Paste zerkleinern. Einen Keks mit der Paste bestreichen, einen zweiten daraufsetzen und genießen!

Meridas schottische Empire Biscuits mit Himbeerkonfitüre

Das sind die Kekse, die Meridas chaotische Drillingsbrüder Harris, Hubert und Hamis besonders gern naschen: schottische Empire Biscuits, zwei mürbe zusammengesetzte Kekse mit Himbeerfüllung, die mit einer dicken Schicht Vanillezuckerguss überzogen werden. Vorsicht: Kleine Brüder können hier ganz sicher nicht widerstehen!

Für die Kekse

185 g weiche Butter, in Stückchen geschnitten

90 g Zucker

½ TL Salz

1 Eigelb (M)

2 TL reines Vanilleextrakt

315 g Mehl, plus etwas mehr zum Bestäuben

Für den Vanillezuckerguss

125 g Puderzucker, gesiebt

1 EL Milch, plus etwas mehr nach Bedarf

½ TL reines Vanilleextrakt

6 Cocktailkirschen, halbiert, oder etwa 1 EL Himbeerkonfitüre zum Verzieren

100 g Himbeerkonfitüre zum Füllen

Ergibt 12 Empire Biscuits

Für die Kekse Butter, Zucker und Salz in eine große Schüssel geben und mit dem Handrührgerät auf mittlerer Stufe etwa 1 Minute schaumig rühren. Eigelb und Vanilleextrakt dazugeben und auf höchster Stufe etwa 30 Sekunden unterrühren, bis alles gut vermischt ist. Das Handrührgerät kurz ausschalten und die Mischung mit einem Spatel von den Seitenwänden der Schüssel nach unten schieben. Das Mehl dazugeben und auf niedrigster Stufe etwa 30 Sekunden unterrühren, bis ein grober Teig entsteht. Das Handrührgerät ausschalten und den Teig mit einem Spatel von den Seitenwänden der Schüssel nach unten schieben. Den Teig nochmals 10 Sekunden auf niedrigster Stufe durchrühren, dann auf eine saubere Arbeitsfläche geben und zu einer dicken Scheibe flach drücken. Die Teigscheibe in Frischhaltefolie einschlagen und mindestens 30 Minuten bis zu 1 Tag in den Kühlschrank geben.

Den Backofen auf 180 °C vorheizen und zwei Backbleche mit Backpapier auslegen.

Ein großes Stück Backpapier auf die Arbeitsfläche geben und mit etwas Mehl bestäuben. Den Teig auf das Backpapier geben und bei Bedarf – falls er sich noch sehr fest anfühlt – einige Minuten ruhen lassen, bis er etwas weicher wird und sich gut ausrollen lässt. Den Teig mit etwas Mehl bestäuben und dann etwa 6 mm dünn ausrollen. Falls der Teig einreißt, die Kanten einfach überlappend aufeinanderlegen und gut festdrücken. Mit einem runden Ausstecher mit gewelltem Rand (Ø 6 cm) so viele Kekse wie möglich ausstechen und mit etwa 2,5 cm Abstand zueinander auf die vorbereiteten Backbleche geben. Die Teigreste wieder verkneten, ausrollen und weitere Kekse ausstechen, bis der Teig aufgebraucht ist. Insgesamt sollten es 24 Kekse sein.

Die Kekse 13–16 Minuten backen, bis die Ränder goldbraun sind, dabei nach der Hälfte der Backzeit die Bleche einmal tauschen und umdrehen, sodass die Kekse gleichmäßig gebacken werden. Die Kekse auf den Blechen auf Kuchengittern komplett auskühlen lassen.

Für den Vanillezuckerguss Puderzucker, Milch und Vanilleextrakt in eine Schüssel geben und mit einem Schneebesen verrühren, bis ein dicker, glatter Guss entsteht – nach Bedarf kann man auch noch etwas Milch dazugeben, bis der Guss schön streichfähig ist.

Zwölf Kekse mithilfe einer kleinen Palette mit Zuckerguss bestreichen und je eine halbierte Cocktailkirsche daraufgeben. Wer Konfitüre verwenden möchte, gibt erst kurz vor dem Servieren einen kleinen Klecks Konfitüre auf die fertigen Kekse. Die Kekse etwa 30 Minuten stehen lassen, bis der Zuckerguss getrocknet ist.

Die restlichen zwölf Kekse umdrehen, auf jeden etwa 1 ½ gehäufte TL Konfitüre geben und mit einer kleinen Palette bis zu den Rändern verstreichen. Jeweils einen Keks mit Zuckerguss daraufsetzen und die fertigen Empire Biscuits dann sofort servieren.

Abendstern-Evangeline-Kekse

Evangeline ist der Name eines sehr hell funkelnden Sterns, nach dem sich das Glühwürmchen Ray in *Küss den Frosch* ganz besonders sehnt. Hier wird Rays geliebter Abendstern in sternförmige Limetten-Butterkekse verwandelt – nach denen sich jeder sehnt, der sie einmal probiert hat! Wichtig ist, dass die ausgestochenen Sterne gut durchgekühlt sind, bevor man sie backt, das sorgt nämlich dafür, dass sie im heißen Backofen ihre Form behalten.

Für die Kekse

375 g Mehl, plus etwas mehr für die Arbeitsfläche

¼ TL Backpulver

⅛ TL Salz

250 g weiche Butter

155 g Zucker

1 Ei (M)

1 ½ TL reines Vanilleextrakt

Für den Zuckerguss

125 g Puderzucker

4 TL frisch gepresster Zitronensaft

2–3 Tupfer gelbe Gel-Lebensmittelfarbe

weiße Liebesperlen zum Dekorieren

Ergibt 12 Kekse

Für die Kekse Mehl, Backpulver und Salz in eine mittelgroße Schüssel geben und gut vermischen. Butter und Zucker in eine große Schüssel geben und mit dem Handrührgerät auf mittlerer Stufe etwa 5 Minuten schaumig rühren. Das Handrührgerät kurz ausschalten und die Mischung mit einem Spatel von den Seitenwänden der Schüssel nach unten schieben. Das Ei und das Vanilleextrakt dazugeben und auf mittlerer Stufe unterrühren, dann die Mehlmischung dazugeben und auf niedrigster Stufe unterrühren, bis alles gut vermischt ist. Das Handrührgerät ausschalten und den Teig mit einem Spatel von den Seitenwänden der Schüssel nach unten schieben.

Den Teig auf eine saubere Arbeitsfläche geben, zu einer Kugel formen und diese in zwei Hälften teilen. Die Teigportionen zu dicken Scheiben flach drücken, in Frischhaltefolie einschlagen und mindestens 1 Stunde oder über Nacht in den Kühlschrank geben.

Den Backofen auf 180 °C vorheizen und zwei Backbleche mit Backpapier auslegen.

Eine Teigscheibe auf eine leicht bemehlte Arbeitsfläche geben, etwa 6 mm dünn ausrollen und dann mit einem Stern-Ausstecher (Ø 9 cm) so viele Kekse wie möglich ausstechen und auf eines der vorbereiteten Backbleche geben. Sobald das erste Backblech voll ist, dieses in den Kühlschrank geben und die restlichen Kekse auf das zweite Backblech geben. Die Teigreste verkneten, in Frischhaltefolie einschlagen und in den Kühlschrank geben. Mit der zweiten Teigscheibe wiederholen. Die Teigreste mit den gekühlten Teigresten verkneten, wieder ausrollen und weitere Kekse ausstechen, bis der Teig aufgebraucht ist. Falls sich der Teig nicht mehr gut ausrollen lässt, kann man ihn einfach wieder in Frischhaltefolie einschlagen und etwa 10 Minuten in den Kühlschrank geben.

Die Kekse 15–20 Minuten backen, bis sie goldbraun sind, dabei nach der Hälfte der Backzeit die Bleche einmal tauschen und umdrehen, damit die Kekse gleichmäßig gebacken werden. Die Kekse auf den Blechen auf Kuchengittern etwa 10 Minuten abkühlen lassen, dann auf Kuchengitter geben und komplett auskühlen lassen.

Für den Zuckerguss den Puderzucker in eine kleine Schüssel sieben, den Zitronensaft und die Lebensmittelfarbe dazugeben und mit einem Schneebesen glatt rühren. Nach Wunsch kann man für einen intensiveren Farbton noch etwas mehr Lebensmittelfarbe dazugeben.

Den Zuckerguss mit einer kleinen Palette auf den abgekühlten Keksen verteilen. Alternativ kann man den Zuckerguss auch in einen Spritzbeutel mit kleiner runder Tülle füllen und zunächst die Ränder mit Zuckerguss aufspritzen und dann das Innere ausfüllen. Schließlich einige Liebesperlen auf jeden Keks geben und die Kekse dann etwa 20 Minuten stehen lassen, bis der Guss getrocknet ist. Zwischen Backpapierstücke geschichtet halten sich die Kekse in einem luftdicht verschließbaren Behältnis bei Zimmertemperatur bis zu 7 Tage.

Rezeptvariante

Wenn man diese zauberhaften Sternenkekse auf einem großen Teller zwischen Blaubeeren, Brombeeren und roten Trauben anrichtet, sieht das aus wie ein echter Sternenhimmel!

Rapunzels Haferflocken-Schokoladen-Kekse

Während der langen Zeit allein, eingesperrt in einem Turm hat Rapunzel viel Zeit, die sie sich gern mit Backen vertreibt. Hier werden ihre Lieblingsschokokekse mit Haferflocken, Zimt und Muskat aufgepeppt, und wenn man sie etwas länger backt, werden sie extraknusprig. Auch lecker: Eine Kugel Eiscreme auf einen Keks geben, einen zweiten daraufsetzen – und genießen!

315 g Mehl

1 TL Backpulver

½ TL Natron

½ TL Salz

2 TL gemahlener Zimt

¼ TL gemahlene Muskatnuss

250 g weiche Butter

185 g Zucker

185 g Rohrohrzucker

2 Eier (M)

1 ½ TL reines Vanilleextrakt

225 g kernige Haferflocken

460 g Bitterschokoladenchips oder gehackte Bitterschokolade

Ergibt etwa 36 Kekse

Den Backofen auf 190 °C vorheizen und zwei Backbleche mit Backpapier auslegen.

Mehl, Backpulver, Natron, Salz, Zimt und Muskat in eine mittelgroße Schüssel sieben. Butter, Zucker und Rohrzucker in eine große Schüssel geben und mit dem Handrührgerät auf mittlerer Stufe etwa 3 Minuten schaumig rühren. Nach und nach die Eier dazugeben und auf niedrigster Stufe jeweils gut unterrühren. Das Vanilleextrakt dazugeben und etwa 1 Minute weiterrühren, bis alles gut vermischt ist. Das Handrührgerät kurz ausschalten und die Mischung mit einem Spatel von den Seitenwänden der Schüssel nach unten schieben. Die Mehlmischung dazugeben und auf niedrigster Stufe unterrühren, bis alles gut vermischt ist. Schließlich Haferflocken und Schokoladenchips dazugeben und gut unterrühren. Das Handrührgerät ausschalten, den Teig mit einem Spatel von den Seitenwänden der Schüssel nach unten schieben und dann nochmals 10 Sekunden auf niedrigster Stufe durchrühren.

Gehäufte Esslöffel des Teiges mit etwa 5 cm Abstand zueinander auf die vorbereiteten Backbleche geben und mit den Händen zu Scheiben von etwa 1,5 cm Dicke flach drücken. Die Kekse 9–11 Minuten backen, bis sie goldbraun sind, dabei nach der Hälfte der Backzeit die Bleche einmal tauschen und umdrehen, sodass die Kekse gleichmäßig gebacken werden. Die Kekse etwa 3 Minuten auf den Blechen auf Kuchengittern abkühlen lassen, dann auf Kuchengitter geben und vor dem Servieren noch einige Minuten abkühlen lassen – am besten schmecken sie lauwarm. Übrige Kekse halten sich in einem luftdicht verschließbaren Behältnis bei Zimmertemperatur bis zu 7 Tage.

Rezeptvariante

Statt der Schokoladenchips bzw. der gehackten Schokolade eignen sich auch 60 g gehackte geröstete Walnüsse.

Arielles Muschel-Macarons

Arielle ist viel faszinierter von Dingelhoppern und Snarfblatts als von Muscheln und Perlen, zweibeinige Wesen werden von diesen zuckersüßen Muschel-Macarons aber auf jeden Fall begeistert sein – und das wären wahrscheinlich auch Möwen und Doktorfische! Wenn sich die Macarons nach der angegebenen Backzeit bereits trocken anfühlen, sich aber noch nicht gut vom Backpapier lösen lassen, brauchen sie noch einige Minuten im Backofen.

250 g Puderzucker, gesiebt

130 g Mandelmehl

3 Eiweiß (M)

1 TL reines Vanilleextrakt

½ TL reines Mandelextrakt

¼ TL Weinsteinbackpulver

⅛ TL Salz

etwa ½ TL blaue oder lila Gel-Lebensmittelfarbe

Weiße Schokoladen-Buttercreme (siehe Seite 131)

12 weiße oder blaue Zuckerperlen

weißes essbares Glitzerpulver zum Verzieren (optional)

Ergibt 12 Macarons

Zwei Backbleche mit Backpapier auslegen. Mithilfe einer Muschelschale mit einem Durchmesser von etwa 4 cm auf jedes Backpapier 24 Muscheln im Abstand von etwa 2,5 cm zueinander zeichnen. (Alternativ mit einem runden Ausstecher mit einem Durchmesser von etwa 4 cm auf jedes Backpapier 24 Kreise zeichnen.) Die Backpapiere umdrehen – die durchscheinenden Muschelumrisse sollten auch auf der anderen Seite gut zu sehen sein. Die Hälfte des Puderzuckers und das Mandelmehl in ein feines Sieb über einer Schüssel geben.

Eiweiße, Vanille- und Mandelextrakt, Weinsteinbackpulver und Salz in eine große Schüssel geben und mit dem Handrührgerät auf mittlerer Stufe etwa 30 Sekunden schaumig rühren. Nach und nach den restlichen Puderzucker dazugeben und auf höchster Stufe unterrühren. Schließlich noch etwa 2 Minuten weiterrühren, bis die Mischung glänzt und Spitzen zieht.

Etwa ein Drittel der Puderzucker-Mandelmehl-Mischung über den Eischnee sieben und mit einem Spatel vorsichtig unterheben, dann nach und nach die restlichen zwei Drittel unterheben. Schließlich die Lebensmittelfarbe dazugeben und etwa 40 Sekunden unterheben, bis alles gut vermischt ist. Die Masse ist perfekt, wenn sie zäh in die Schüssel fließt, ohne abzureißen.

Die Masse in einen Spritzbeutel mit runder Tülle (Ø 1 cm) füllen. Die Tülle etwa 1 cm über dem Backpapier halten und mithilfe der gezeichneten Umrisse dicke Muscheln auf die Bleche spritzen. Dabei zuerst die Umrisse aufspritzen und dann die Mitte ausfüllen. Die Bleche zwei, drei Mal auf die Arbeitsfläche klopfen, um etwaige Luftbläschen zu entfernen, und dann bei Zimmertemperatur 45–60 Minuten stehen lassen, bis die Oberfläche der Macarons trocken aussieht.

Den Backofen auf 150 °C vorheizen. Ein Backblech in den Ofen geben und die Macarons etwa 20 Minuten backen, bis sie leicht aufgehen, aber noch keine Farbe annehmen. Die Unterseite der Macarons sollte sich trocken und fest anfühlen und nicht auf dem Backpapier klebenbleiben – ist das der Fall, die Macarons einfach noch einige Minuten weiterbacken. Die Macarons etwa 1 Minute auf dem Blech auf einem Kuchengitter abkühlen lassen, dann auf ein Kuchengitter geben und komplett auskühlen lassen. Die restlichen Macarons ebenso backen und auskühlen lassen.

In der Zwischenzeit die Buttercreme zubereiten. Sobald sie ausgekühlt sind, die Hälfte der Macarons umdrehen und auf jedem Macaron etwa 1 ½ TL Buttercreme verstreichen. Die restlichen Macarons daraufsetzen und am hinteren Ende der Muscheln leicht zusammendrücken – so sieht es aus, als würden sich die Muscheln nach vorn hin öffnen.

Die Macarons nebeneinander auf ein Backblech oder eine große Platte geben, mit Frischhaltefolie abdecken und mindestens 1 bis 3 Tage in den Kühlschrank geben. Man kann sie so auch einfrieren: Sobald sie gefroren sind, kann man sie in ein luftdicht verschließbares Behältnis geben und bis zu 6 Monate einfrieren. Gefrorene Macarons einfach im Kühlschrank auftauen lassen. Vor dem Servieren eine Zuckerperle vorn auf die Buttercreme geben, die Macarons nach Wunsch mit essbarem Glitzerpulver bestäuben und am besten gut gekühlt servieren.

Meridas schottisches Shortbread

Das wunderbar buttrige Shortbread ist ein schottischer Klassiker, dessen Ursprung vermutlich im Mittelalter zubereitete Kekse aus Brot waren: Dafür würde übrig gebliebenes Brot zweimal gebacken, bis es hart war, und dann mit Zucker bestreut. Irgendwann verwendete man dann kein altes Brot mehr, sondern einen buttrigen Mürbeteig – und zur Zeit Meridas war Shortbread ein absoluter Luxus. In der heutigen Zeit kann man den Teig zusätzlich verfeinern, indem man zusammen mit dem Vanilleextrakt 1 EL Zitronenabrieb dazugibt.

250 g weiche Butte, plus etwas mehr für die Form

235 g Mehl, plus etwas mehr zum Bemehlen

¼ TL Salz

30 g Puderzucker

75 g Zucker

2 TL reines Vanilleextrakt

Ergibt 18 Shortbreads

Den Backofen auf 150 °C vorheizen und eine quadratische Backform (23 x 23 cm) einfetten.

Mehl und Salz in eine mittelgroße Schüssel sieben. Die Butter in eine große Schüssel geben und mit dem Handrührgerät auf mittlerer Stufe etwa 3 Minuten schaumig rühren. Den Puderzucker und 60 g Zucker dazugeben und weitere 2–3 Minuten rühren, bis sich der Zucker aufgelöst hat und keine Körnchen mehr zu spüren sind, wenn man die Mischung zwischen den Fingern verreibt. Das Vanilleextrakt dazugeben und gut unterrühren. Das Handrührgerät kurz ausschalten und die Mischung mit einem Spatel von den Seitenwänden der Schüssel nach unten schieben. Nach und nach die Mehlmischung dazugeben und auf niedrigster Stufe unterrühren, bis alles gut vermischt ist.

Den Teig in die vorbereitete Backform geben, mit leicht bemehlten Fingern gleichmäßig in die Form drücken und schließlich mit dem restlichen Zucker bestreuen. Das Shortbread etwa 1 Stunde backen, bis es an den Rändern goldbraun ist.

Das Shortbread aus dem Ofen nehmen und sofort mit einem scharfen Messer in 7,5 x 2,5 cm große Rechtecke schneiden. Die Rechtecke mit einer Gabel mehrmals einstechen, um ein schönes Muster zu erzeugen, anschließend etwa 30 Minuten in der Form auf einem Kuchengitter abkühlen lassen, dann vorsichtig aus der Form nehmen, auf ein Kuchengitter geben und komplett auskühlen lassen. Die Shortbreads halten sich in einem luftdicht verschließbaren Behältnis bei Zimmertemperatur bis zu 7 Tage.

Rezeptvariante

Zu diesem mürben Short-bread serviert man am besten in Scheiben geschnittene Nektarinen und ein Glas kalte Milch.

Mitternachts-Moon-Pies

Beim ersten Glockenschlag zu Mitternacht verliert der Zauber der guten Fee seine Wirkung, und Cinderella muss fliehen, damit der Prinz nicht merkt, wer sie wirklich ist. Für die Zubereitung dieser leckeren, klebrigen Moon Pies, die mit Marshmallow-Creme gefüllt und dann in eine mitternachtsschwarze Schokoladenglasur getunkt werden, braucht man etwas Zeit, aber das Ergebnis ist es auf jeden Fall wert – und sie sind wahrscheinlich genauso schnell verputzt wie Cinderella um Mitternacht verschwindet!

Für die Kekse

90 g fein gemahlene Vollkornkekse (etwa 13 Stück)

155 g Mehl, plus etwas mehr für die Arbeitsfläche

½ TL Backpulver

½ TL gemahlener Zimt

½ TL Salz

125 g weiche Butter

105 g Vollrohrzucker

1 Ei (M)

1 TL reines Vanilleextrakt

2 EL Milch

etwa 105 g Marshmallow-Creme

Für die Schokoladenglasur

495 g Bitterschokoladenchips oder gehackte Bitterschokolade

2 EL Pflanzenöl

Ergibt etwa 15 Kekse

Für die Kekse die gemahlenen Vollkornkekse, das Mehl, das Backpulver, den Zimt und das Salz in eine mittelgroße Schüssel geben und gut vermischen. Butter und Zucker in eine große Schüssel geben und mit dem Handrührgerät auf mittlerer Stufe etwa 1 Minute schaumig rühren. Das Ei und das Vanilleextrakt dazugeben und gut unterrühren. Das Handrührgerät kurz ausschalten und die Mischung mit einem Spatel von den Seitenwänden der Schüssel nach unten schieben. Die Vollkornkeksmischung dazugeben und auf niedrigster Stufe unterrühren, bis alles gut vermischt ist. Schließlich die Milch dazugeben und unterrühren, bis ein grober Teig entsteht. Den Teig auf eine saubere Arbeitsfläche geben und zu einer dicken Scheibe flach drücken. Die Teigscheibe in Frischhaltefolie einschlagen und mindestens 1 Stunde oder noch besser über Nacht in den Kühlschrank geben.

Den Backofen auf 180 °C vorheizen und zwei Backbleche mit Backpapier auslegen. Den Teig auf eine leicht bemehlte Arbeitsfläche geben und etwa 3 mm dünn ausrollen. Mit einem runden Ausstecher mit gewelltem Rand oder einem Halbmond-Ausstecher (Ø 7 cm) so viele Kekse wie möglich ausstechen und mit mindestens 2,5 cm Abstand zueinander auf die vorbereiteten Backbleche geben. Die Teigreste verkneten, wieder ausrollen und weitere Kekse ausstechen, bis der Teig aufgebraucht ist. Insgesamt sollten es etwa 30 Kekse sein.

Ein Backblech in den Ofen geben und die Kekse etwa 13 Minuten backen, bis sie an den Rändern leicht goldbraun sind. Die Kekse auf ein Kuchengitter geben und komplett auskühlen lassen. Die restlichen Kekse ebenso backen und auskühlen lassen.

Die Hälfte der Kekse umdrehen, auf jeden mittig etwa 2 TL Marshmallow-Creme geben, einen zweiten Keks daraufsetzen und leicht festdrücken, sodass die Creme bis zum Rand verteilt wird. Die Kekse auf ein Backblech oder eine Platte geben, mit Frischhaltefolie abdecken und mindestens 20 Minuten oder noch besser über Nacht ins Gefrierfach geben.

Für die Schokoladenglasur einen Topf etwa 2,5 cm hoch mit Wasser füllen und dieses bei mittlerer Temperatur zum Köcheln bringen. Die Schokoladenchips in eine hitzebeständige Schüssel geben und unter gelegentlichem Umrühren über dem Wasserbad schmelzen – wichtig ist dabei, dass die Schüssel das köchelnde Wasser nicht berührt! Die geschmolzene Schokolade kurz abkühlen lassen und dann das Öl unterrühren. Die Mischung etwa 5 Minuten abkühlen lassen.

Ein Kuchengitter auf ein Backblech stellen. Die Kekse nach und nach in die Schokoladenglasur geben, mithilfe von zwei Gabeln darin wenden, bis sie rundherum bedeckt sind, und dann auf das vorbereitete Kuchengitter geben. Die Kekse anschließend mindestens 30 Minuten in den Kühlschrank geben, bis die Glasur fest geworden ist. Die Moon Pies halten sich in einem luftdicht verschließbaren Behältnis bei Zimmertemperatur bis zu 5 Tage.

Rezeptvariante

Statt der Marshmallow-Creme, der klassischen Moon-Pie-Füllung, eignet sich auch Erdnussbutter – so wird aus den leckeren Moon Pies im Handumdrehen ein besonders proteinreicher Snack!

Rajah-der-Tiger-Kekse

Diese zauberhaften Tigerkekse sind inspiriert von Jasmins Haustier Rajah, dem Tiger, ihrem treuen Beschützer und Begleiter. Seinen königlichen Namen gab ihm Jasmin, nachdem ihr ihre Mutter als Kind von einem Stern namens Rajah erzählt hatte. Die gestreiften Schoko-Vanille-Kekse sind einfach zuzubereiten, sehen aber wirklich spektakulär aus – und man kann den Teig problemlos auch bereits einen Tag im Voraus zubereiten.

315 g Mehl, plus etwas mehr für die Arbeitsfläche

½ TL Backpulver

¼ TL Salz

125 g weiche Butter

155 g Zucker

1 Ei (M)

1 TL reines Vanilleextrakt

¼ TL orange Gel-Lebensmittelfarbe

20 g ungesüßtes Kakaopulver

1 Ei (M) verquirlt mit 1 TL Wasser zum Bestreichen

Royal Icing (siehe Seite 130)

¼ TL schwarze Gel-Lebensmittelfarbe

Ergibt etwa 24 Kekse

280 g Mehl, das Backpulver und das Salz in eine mittelgroße Schüssel geben und gut vermischen. Butter und Zucker in eine große Schüssel geben und mit dem Handrührgerät auf mittlerer Stufe etwa 3 Minuten schaumig rühren. Das Ei und das Vanilleextrakt dazugeben und gut unterrühren. Das Handrührgerät kurz ausschalten und die Mischung mit einem Spatel von den Seitenwänden der Schüssel nach unten schieben. Nach und nach die Mehlmischung dazugeben und auf niedrigster Stufe unterrühren, bis alles gut vermischt ist, dabei wenn nötig die Mischung immer wieder mit einem Spatel von den Seitenwänden der Schüssel nach unten schieben.

Den Teig in der Schüssel mit den Händen zu einer Kugel zusammendrücken und dann in zwei Hälften teilen. Eine Teigportion in eine saubere Schüssel geben, das restliche Mehl und die orange Lebensmittelfarbe dazugeben und auf niedrigster Stufe unterrühren, bis der Teig gleichmäßig orange gefärbt ist. Den orangen Teig zu einer dicken Scheibe flach drücken, in Frischhaltefolie einschlagen und in den Kühlschrank geben. Den Kakao zur zweiten Teigportion geben und auf niedrigster Stufe unterrühren. Den Schokoladenteig ebenfalls zu einer dicken Scheibe flach drücken, in Frischhaltefolie einschlagen und in den Kühlschrank geben. Die Teigportionen mindestens 30 Minuten oder noch besser über Nacht im Kühlschrank gut durchkühlen lassen.

Die Teigportionen aus dem Kühlschrank nehmen und ein Backblech mit Backpapier auslegen. Falls der Teig länger als 1 Stunde im Kühlschrank war, empfiehlt es sich, ihn bei Zimmertemperatur etwa 30 Minuten stehen zu lassen, so wird er wieder etwas weicher und lässt sich besser ausrollen.

Etwa 60 g orangen Teig abwiegen und in zwei Hälften teilen. Eine der Teigportionen auf einer sauberen Arbeitsfläche zu einer dicken Rolle formen und diese dann mit den Händen hin- und herrollen, bis eine sehr dünne, etwa 28 cm lange Rolle entsteht, dabei die Hände immer wieder in der Mitte ansetzen und zum Rand hin arbeiten. Die Rolle mit den Fingern der Länge nach an einer Seite gleichmäßig zusammendrücken, sodass sie eine leicht dreieckige Form bekommt. Mit der zweiten Teigportion wiederholen und die dreieckigen Teigrollen dann auf das vorbereitete Backblech geben.

Fortsetzung auf Seite 40

Rajah-der-Tiger-Kekse Fortsetzung von Seite 39

Ein großes Stück Backpapier bereitlegen. Den restlichen orangen Teig sowie den Schokoladenteig jeweils zu einem etwa 20 x 15 cm großen Rechteck ausrollen, dabei falls nötig die Ränder mit einem scharfen Messer geradeschneiden, sodass die beiden Rechtecke exakt 20 x 15 cm messen. Die Rechtecke der Länge nach in vier genau 20 x 3,75 cm große Streifen schneiden. Die Streifen jeweils mit etwas verquirltem Ei bepinseln und dann abwechselnd aufeinanderstapeln, sodass ein orange-braunes Streifenmuster entsteht. Die aufeinandergestapelten Teigstreifen auf das vorbereitete Backpapier geben und mit den Händen sanft hin- und herrollen, bis eine Teigrolle von etwa 28 cm Länge entsteht. Die gestreifte Teigrolle zu den dünnen dreieckigen Teigrollen auf das Backblech geben und dann etwa 10 Minuten im Kühlschrank gut durchkühlen lassen.

Das Backblech wieder herausnehmen, die gestreifte Teigrolle mit verquirltem Ei bepinseln, die zwei dreieckigen Teigrollen daraufsetzen – das werden später die Tigerohren! – und vorsichtig festdrücken. Die Teigrolle nochmals für etwa 20 Minuten in den Kühlschrank geben.

Den Backofen auf 180 °C vorheizen und zwei Backbleche mit Backpapier auslegen. Die Teigrolle auf ein großes Schneidebrett geben und die Enden mit einem großen, scharfen Messer abschneiden, sodass gleichmäßig Kanten entstehen. Die Teigrolle schließlich in etwa 6 mm dünne Scheiben schneiden und diese mit etwa 5 cm Abstand zueinander auf die vorbereiteten Backbleche geben.

Die Kekse 12–14 Minuten backen, bis sie an den Rändern leicht goldbraun sind, dabei nach der Hälfte der Backzeit die Bleche einmal tauschen und umdrehen, sodass die Kekse gleichmäßig gebacken werden. Die Kekse etwa 10 Minuten auf den Blechen auf Kuchengittern abkühlen lassen, dann auf Kuchengitter geben und komplett auskühlen lassen.

In der Zwischenzeit das Royal Icing zubereiten und auf zwei kleine Schüsseln verteilen. Die schwarze Lebensmittelfarbe in eine der Schüsseln geben und gut unterrühren. Den weißen und den schwarzen Zuckerguss jeweils in einen kleinen Spritzbeutel mit runder Tülle füllen. Mit dem weißen Zuckerguss auf jeden Keks zwei ausgefüllte Kreise für die Augen und zwei für die Schnauze sowie zwei kleine Dreiecke für die Ohren spritzen. Etwa 15 Minuten warten, bis der weiße Zuckerguss getrocknet ist, dann mit dem schwarzen Zuckerguss die Augen, die Nase und das Maul des Tigers sowie je drei Punkte auf die weißen Kreise für die Schnauze spritzen. Die Kekse etwa 30 Minuten stehen lassen, bis der Zuckerguss getrocknet ist. Die Kekse halten sich in einem luftdicht verschließbaren Behältnis bei Zimmertemperatur bis zu 7 Tage.

Sieben-Zwerge-Juwelen-Kekse

Mithilfe von zerstoßenen bunten Bonbons werden aus einfachen Keksen funkelnde bunte Edelsteine, die nur darauf warten, von den sieben Zwergen nach einem langen Tag im Bergwerk auf ihre Schubkarren geladen zu werden. Aus dem hier zubereiteten einfachen Keksteig lassen sich übrigens auch andere Keksformen ausstechen – etwa für die Tierdekoration für Schneewittchens Tiere-des-Waldes-Torte (siehe Seite 74).

315 g Mehl, plus etwas mehr für die Arbeitsfläche und zum Bemehlen

½ TL Backpulver

¼ TL Salz

125 g weiche Butter

250 g Zucker

1 Ei (M)

1 ½ TL reines Vanilleextrakt

200 g Bonbons in verschiedenen Farben

Zuckerguss (siehe Seite 130)

Ergibt etwa 36 Kekse

Mehl, Backpulver und Salz in eine mittelgroße Schüssel geben und gut vermischen. Butter und Zucker in eine große Schüssel geben und mit dem Handrührgerät auf mittlerer Stufe etwa 1 Minute schaumig rühren. Das Ei und das Vanilleextrakt dazugeben und gut unterrühren. Das Handrührgerät kurz ausschalten und die Mischung mit einem Spatel von den Seitenwänden der Schüssel nach unten schieben. Nach und nach die Mehlmischung dazugeben und auf niedrigster Stufe unterrühren, bis ein grober Teig entsteht, dabei wenn nötig den Teig immer wieder mit dem Spatel von den Seitenwänden der Schüssel nach unten schieben.

Den Teig auf eine saubere Arbeitsfläche geben, zu einer Kugel formen und diese in zwei Hälften teilen. Die Teigportionen zu dicken Scheiben flach drücken, in Frischhaltefolie einschlagen und mindestens 1 Stunde oder noch besser über Nacht in den Kühlschrank geben.

Den Backofen auf 165 °C vorheizen und zwei Backbleche mit Backpapier auslegen.

Eine Teigscheibe auf eine leicht bemehlte Arbeitsfläche geben, mit etwas Mehl bestäuben und etwa 6 mm dünn ausrollen, dabei wenn nötig den Teig immer wieder wenden und mit Mehl bestäuben, damit er nicht auf der Arbeitsfläche oder am Nudelholz klebenbleibt. Mit einem rautenförmigen Ausstecher so viele Kekse wie möglich ausstechen (oder mithilfe eines scharfen Messers und eines Lineals Rauten ausschneiden). Mit einem zweiten, kleineren rautenförmigen Ausstecher kleinere Rauten aus den Keksen ausstechen, sodass ein „Rahmen" von mindestens 6 mm Breite zurückbleibt. Die Kekse auf die vorbereiteten Backbleche geben. Die Teigreste verkneten, in Frischhaltefolie einschlagen und in den Kühlschrank geben. Mit der zweiten Teigscheibe wiederholen. Die Teigreste mit den gekühlten Teigresten verkneten, wieder ausrollen und weitere Kekse ausstechen, bis der Teig aufgebraucht ist. Insgesamt sollten es etwa 36 Kekse sein.

Die Bonbons in einen großen, stabilen Zippbeutel geben, die Luft herausdrücken, den Zippbeutel verschließen und die Bonbons mit einem Nudelholz relativ fein zerkleinern. Die zerkleinerten Bonbons in die ausgestochenen Rauten in der Mitte der Kekse streuen, sodass diese gleichmäßig gefüllt sind.

Ein Backblech in den Backofen geben und die Kekse 9–11 Minuten backen, bis sie leicht goldbraun und die Bonbons komplett geschmolzen sind, dabei nach der Hälfte der Backzeit das Blech einmal umdrehen. Die Kekse etwa 10 Minuten auf dem Blech auf einem Kuchengitter abkühlen lassen, dann auf ein Kuchengitter geben und komplett auskühlen lassen. Die restlichen Kekse ebenso backen. Die Kekse halten sich in einem luftdicht verschließbaren Behältnis bei Zimmertemperatur bis zu 3 Tage.

Tianas Bayou-Riegel

Nachdem Tiana und Naveen in Frösche verwandelt wurden, machen sie sich im Bayou – so wird der Sumpf rund um New Orleans genannt – auf die Suche nach der Voodoo-Priesterin Mama Odie, die ihnen helfen soll, sich wieder in Menschen zu verwandeln. Diese Limetten-Kokos-Riegel erinnern an Tianas und Naveens Reise durch das Bayou und lassen jeden, der sie isst, vor Freude hüpfen wie ein Frosch! Nach Wunsch kann man statt des Limettensafts übrigens auch Zitronensaft verwenden.

250 g weiche Butter, plus etwas mehr für die Form

60 g Rohrohrzucker

315 g Mehl

60 g gesüßte Kokosraspel

½ TL Salz

abgeriebene Schale von 1 Bio-Limette

375 g Zucker

1 EL Maisstärke

1 TL Backpulver

4 Eier (M), leicht verquirlt

180 ml frisch gepresster Limettensaft

Puderzucker zum Bestäuben

Ergibt etwa 24 Riegel

Den Backofen auf 180 °C vorheizen. Eine rechteckige Backform (33 x 23 cm) einfetten, dann ein Stück Backpapier zuschneiden und in die Form geben, sodass der Boden und zwei Seitenwände mit Backpapier bedeckt sind und dieses an diesen zwei Seiten etwa 4 cm Überhang hat.

Butter und Rohrzucker in eine große Schüssel geben und mit dem Handrührgerät auf mittlerer Stufe 3–4 Minuten schaumig rühren. Das Handrührgerät kurz ausschalten und die Mischung mit einem Spatel von den Seitenwänden der Schüssel nach unten schieben. Mehl, Kokosraspel, ¼ TL Salz und die Hälfte des Limettenabriebs dazugeben und auf niedrigster Stufe unterrühren, bis ein grober Teig entsteht.

Den Teig in die vorbereitete Form geben, gut festdrücken, mit einer Gabel mehrmals einstechen und dann etwa 20 Minuten backen, bis er goldbraun ist.

In der Zwischenzeit die Limettencreme zubereiten. Dafür Zucker, Stärke, Backpulver und das restliche Salz sowie die restliche Limettenschale in eine mittelgroße Schüssel geben und gut vermischen. Die Eier und den Limettensaft dazugeben und mit einem Schneebesen kräftig verrühren, bis eine glatte Masse entsteht.

Den gebackenen Teig aus dem Ofen nehmen, die Limettencreme darauf verteilen und die Form für weitere 20–25 Minuten in den Ofen geben, bis die Creme fest geworden ist. Den gebackenen Teig in der Form auf einem Kuchengitter komplett auskühlen lassen und dann etwa 2 Stunden in den Kühlschrank geben.

Den gebackenen Teig mithilfe des Backpapiers aus der Form heben, auf ein großes Schneidebrett geben und mit einem scharfen Messer in etwa 24 gleich große Riegel schneiden. Die Riegel vorsichtig vom Backpapier lösen und vor dem Servieren mit Puderzucker bestäuben. Die Riegel halten sich in einem luftdicht verschließbaren Behältnis bei Zimmertemperatur bis zu 7 Tage.

Baiser-Röschen

Bis sie 16 Jahre alt ist, wird Aurora von den drei guten Feen, die sie liebevoll Röschen nennen, im Wald aufgezogen, um sie vor dem Fluch der bösen Fee Malefiz zu beschützen. Diese luftig-leichten glutenfreien Baisers erinnern an Auroras Spitznamen: Die Baisermasse wird passend pink bis rot eingefärbt und dann mit einer Sterntülle spiralförmig aufgespritzt, sodass wunderschöne Baiser-Röschen entstehen. Statt des Vanilleextrakts eignet sich übrigens auch Rosenwasser, das den Baisers zusätzlich ein tolles Rosenaroma verleiht.

3 Eiweiß (M; Zimmertemperatur)

¼ TL Weinsteinbackpulver

⅛ TL Salz

185 g Zucker

2 TL reines Vanilleextrakt oder
½ TL Rosenwasser

rote oder pinke Gel-Lebensmittelfarbe

*Für die Schokoladenglasur
(optional)*

125 g Bitterschokoladenchips
oder gehackte Bitterschokolade

2 TL Kokosöl oder Pflanzenfett

Ergibt etwa 15 Baisers

Rezeptvariante

Die Baiser-Röschen schmecken auch toll, wenn man sie über griechischen Joghurt mit Beeren bröselt – ein gesunder süßer Snack reich an Kalzium und Kalium!

Den Backofen auf 120 °C vorheizen und zwei Backbleche mit Backpapier auslegen. Mithilfe eines runden Ausstechers (Ø 7,5 cm) oder eines Wasserglases auf jedes Backpapier acht Kreise im Abstand von etwa 5 cm zueinander zeichnen. Die Backpapiere umdrehen – die durchscheinenden Umrisse sollten auf der anderen Seite gut zu sehen sein.

Eiweiße, Weinsteinbackpulver und Salz in eine große Schüssel geben und mit dem Handrührgerät auf mittlerer Stufe etwa 30 Sekunden schaumig rühren. Den Zucker löffelweise dazugeben und jeweils gut unterrühren. Das Handrührgerät kurz ausschalten und die Mischung mit einem Spatel von den Seitenwänden der Schüssel nach unten schieben. Dann auf mittlerer Stufe noch etwa 4 Minuten weiterrühren, bis die Mischung glänzt und Spitzen zieht. Das Vanilleextrakt und die gewünschte Menge Lebensmittelfarbe dazugeben und etwa 1 Minute unterrühren, bis die Baisermasse gleichmäßig pink bis rot eingefärbt ist.

Die Baisermasse in einen Spritzbeutel mit großer Sterntülle geben. Für die Rosen zunächst einen etwa 1,5 cm hohen Tupfer Baisermasse in die Mitte jedes Kreises auf den Backpapieren spritzen. Dann die Masse spiralförmig von innen nach außen auf und um den Tupfer spritzen, bis der Kreis ausgefüllt ist. Die Masse reicht für etwa 15 Baisers.

Die Baisers 1–1 ¼ Stunden backen, bis sie sich fest anfühlen. Den Backofen ausschalten, die Ofentür einen Spalt öffnen und die Baisers etwa 1 Stunde im Backofen abkühlen lassen. Die Backbleche anschließend herausnehmen und auf Kuchengitter geben.

Nach Wunsch kann man die Baisers jetzt noch in eine Schokoladenglasur tunken. Dafür die Schokoladenchips und das Kokosöl in eine kleine mikrowellenbeständige Schüssel geben und für 25 Sekunden in der Mikrowelle erhitzen. Die Schüssel herausnehmen, gut umrühren und die Mischung dann in 15-Sekunden-Intervallen erhitzen, dabei immer wieder umrühren, bis die Schokolade komplett geschmolzen ist und eine glatte Mischung entsteht. Die Unterseiten der Baiser-Röschen in die Glasur tunken und diese mit einer kleinen Palette verstreichen. Überschüssige Glasur am Rand der Schüssel abstreifen, die Baisers wieder auf die Backbleche geben und etwa 30 Minuten stehen lassen, bis die Glasur fest geworden ist. Die Baisers halten sich in einem luftdicht verschließbaren Behältnis bei Zimmertemperatur bis zu 3 Tage.

Krikis Mandelkekse

Auf ihren Abenteuern wird Mulan vom Drachen Mushu und von der vorwitzigen Grille Kriki begleitet. Kriki ist immer bemüht, alles richtig zu machen, und schafft es meist auch: Sie ist ein echter Glücksbringer und ein treuer Freund. Auch diese chinesischen Mandelkekse sollen Glück bringen – genau wie Kriki! Verziert wird jeder Keks mit einer Mandel, und besonders wichtig ist es, die Kekse mit verquirltem Ei zu bestreichen, so bekommen sie einen tollen Glanz.

125 g weiche Butter

125 g Zucker

¼ TL Salz

1 Ei (M)

½ TL reines Mandelextrakt

155 g Mehl

½ TL Natron

50 g Mandelmehl

1 Ei (M) verquirlt mit 1 TL Wasser zum Bestreichen

18–20 ganze geschälte Mandeln

Ergibt 18–20 Kekse

Butter, Zucker und Salz in eine große Schüssel geben und mit dem Handrührgerät auf mittlerer Stufe etwa 2 Minuten schaumig rühren. Das Ei und das Mandelextrakt dazugeben und gut unterrühren. Das Handrührgerät kurz ausschalten und die Mischung mit einem Spatel von den Seitenwänden der Schüssel nach unten schieben. Mehl und Natron in die Schüssel sieben, das Mandelmehl dazugeben und alles auf niedrigster Stufe gut unterrühren. Den Teig zu einer Kugel zusammendrücken und abgedeckt mindestens 1 Stunde oder noch besser über Nacht in den Kühlschrank geben.

Den Backofen auf 165 °C vorheizen und ein Backblech mit Backpapier auslegen.

Einen Esslöffel des Teigs in eine Handfläche geben, zwischen den Händen zu einer Kugel von etwa 2,5 cm Durchmesser rollen und diese auf das vorbereitete Backblech geben. So weitere Kugeln aus dem Teig formen und mit etwa 4 cm Abstand zueinander auf das Backblech geben. Insgesamt sollten es 18–20 Kugeln sein. Die Kugeln mit den Händen zu etwa 6 mm dünnen Scheiben flach drücken – dabei ist es wichtig, dass zwischen den Keksen mindestens 2,5 cm Abstand bleiben. Auf jeden Keks eine Mandel geben und die Kekse schließlich noch mit etwas verquirltem Ei bestreichen.

Die Kekse etwa 20 Minuten backen, bis sie goldbraun sind, dann auf ein Kuchengitter geben und komplett auskühlen lassen. Am besten schmecken die Kekse an dem Tag, an dem sie gebacken wurden. In einem luftdicht verschließbaren Behältnis halten sie sich bei Zimmertemperatur aber bis zu 1 Woche – es kann nur sein, dass sie mit der Zeit etwas weicher werden.

Rezeptvariante

Wenn übrige Kekse etwas weicher werden, sind sie perfekt für zusammengesetzte Kekse! Dafür eine Prise Zimt, einige Tropfen Vanilleextrakt und einige Löffel griechischen Joghurt verrühren, einen Keks umdrehen, mit dem Joghurt bestreichen und einen zweiten Keks daraufsetzen.

KAPITEL 2

Pies & Tartes

Percy-der-Mops-Kirsch-Streusel-Tarte

Percy, Gouverneur Ratcliffes verzogener Mops aus *Pocahontas*, liebt es, Kirschen zu essen, vor allem in der Badewanne! Als Pocahontas' treuer Freund Meeko, der Waschbär, auftaucht, geht es Percys Kirschen an den Kragen – und vermutlich würden Percy und Meeko auch dieser leckeren Kirschtarte mit den wunderbar knusprigen Streuseln nicht widerstehen können! Für die Füllung eignen sich gefrorene Kirschen sowie Sauerkirschen oder Schattenmorellen aus dem Glas. Dabei sollte man allerdings beachten, dass die verschiedenen Kirschen unterschiedlich süß sind, wenn man Sauerkirschen verwendet, sollte man daher die Zuckermenge auf 155 g erhöhen.

Tarteteig (siehe Seite 129)
Backspray

Für die Streusel

125 g Mehl
90 g Zucker
1 Prise Salz
75 g Butter, zerlassen
1 TL reines Vanilleextrakt

Für die Füllung

2 große Gläser (je etwa 720 g) Sauerkirschen oder Schattenmorellen, abgegossen
125 g Zucker
3 EL Tapioka- oder Maisstärke

Für 8 Personen

Rezeptvariante

Für noch mehr Ballaststoffe und extraknusprige Streusel 70 g gehackte geröstete Mandeln, Pekan- oder Walnüsse mit der Butter zu den Streuseln geben!

Den Teig nach Rezept zubereiten und kaltstellen.

Eine Tarteform (Ø 23 cm) mit abnehmbarem Rand mit Backspray einsprühen. Den Teig auf eine leicht bemehlte Arbeitsfläche geben und etwa 3 mm dünn zu einem Kreis von 30–33 cm Durchmesser ausrollen. Falls der Teig einreißt, die Kanten einfach überlappend aufeinanderlegen und gut festdrücken. Den Teig mithilfe des Nudelholzes aufrollen, in die vorbereitete Tarteform entrollen, gut in die Form drücken und die Ränder hochziehen. Die überstehenden Ränder mit einer Küchenschere oder einem kleinen Messer zurückschneiden, dabei einen Überhang von etwa 2,5 cm lassen. Den Überhang nach innen in die Form falten und an den Seiten gut festdrücken, um diese zu verstärken. Den Tarteboden für mindestens 15 Minuten oder noch besser über Nacht in den Kühlschrank geben.

Den Backofen auf 190 °C vorheizen. Für die Streusel Mehl, Zucker und Salz in eine Schüssel geben und mit einer Gabel gründlich vermischen. Butter und Vanilleextrakt dazugeben und mit der Gabel einarbeiten, bis eine feucht-krümelige Mischung entsteht.

Für die Füllung Kirschen, Zucker und Stärke in eine Schüssel geben und vermischen, bis die Kirschen rundherum mit Stärke und Zucker bedeckt sind. Den Tarteboden aus dem Kühlschrank nehmen und zuerst die Füllung und dann die Streusel gleichmäßig darauf verteilen.

Die Tarteform auf einem Backblech in den Backofen geben und die Tarte etwa 1 Stunde backen, bis die Teigränder und die Streusel goldbraun und knusprig sind und die Füllung Blasen wirft. Die Tarte in der Form auf dem Backblech auf einem Kuchengitter mindestens 30 Minuten abkühlen lassen. Um die Tarte aus der Form zu nehmen, diese auf eine umgedrehte Schüssel stellen und den Rand vorsichtig nach unten wegnehmen. Die Tarte mithilfe einer Palette vorsichtig vom Boden lösen, auf eine Servierplatte geben und lauwarm, bei Zimmertemperatur oder gekühlt servieren.

Tianas Pekankrokant-Tartelettes mit Obstfüllung

Pekankrokant ist in den Südstaaten der USA sehr beliebt: Er wird aus braunem Zucker, Butter und gerösteten Pekannüssen zubereitet, und man findet ihn in jedem Süßwarengeschäft in New Orleans, wo *Küss den Frosch* spielt. Ganz sicher hätte also auch Tiana gewusst, wie man ihn zubereitet! Hier werden aus dem klassischen Pekankrokant knusprige Tartelettebőden zubereitet, die dann mit frischem Obst nach Wahl und Schlagsahne gefüllt werden können.

125 g Butter, plus etwas mehr weiche Butter zum Einfetten

250 g Zucker

155 g Mehl

75 g fein gehackte Pekannüsse oder Mandeln

75 g heller Maissirup

155 g Vollrohrzucker

in Scheiben geschnittenes frisches Obst, z. B. Pfirsiche, Pflaumen oder Feigen, zum Servieren

Schlagsahne (siehe Seite 131) zum Servieren (optional)

Ergibt 12 Tartelettes

Den Backofen auf 190 °C vorheizen. Aus Alufolie zwölf 20 x 20 cm große Quadrate zuschneiden und jeweils eine Seite einfetten. Zwei Quadrate mit der eingefetteten Seite nach oben und mindestens 6 cm Abstand zueinander auf ein Backblech geben. Zwei kleine Auflaufförmchen (Ø 7,5 cm) von außen einfetten.

Zucker, Mehl und Pekannüsse in eine Schüssel geben und gut vermischen. Butter, Maissirup und Rohrzucker in einen kleinen Topf geben und bei mittlerer Temperatur unter ständigem Rühren zum Köcheln bringen. Die Pekannuss-Mischung dazugeben, gut unterrühren und dann den Topf von der Hitze nehmen. Je zwei gehäufte Esslöffel der Masse mittig auf die vorbereiteten Alufolienquadrate auf dem Backblech geben.

Den Krokant etwa 7 Minuten backen, bis er Blasen wirft und zu Kreisen von 10–13 cm Durchmesser verlaufen ist. Den fertigen Krokant etwa 2 Minuten auf dem Backblech abkühlen lassen, dann die gebutterten Förmchen mittig auf die Krokantkreise stellen, den Krokant mithilfe der Alufolie nach oben klappen und vorsichtig rund um die Förmchen festdrücken, sodass kleine Krokantschälchen entstehen.

Die Förmchen umdrehen, die Krokantschälchen etwa 3 Minuten auf den Förmchen abkühlen lassen und dann vorsichtig herunternehmen. Die Krokantschälchen auf einem Kuchengitter auskühlen lassen und dann vorsichtig die Alufolie abziehen. Während die Schälchen abkühlen, diesen Vorgang mit der restlichen Krokantmasse wiederholen, dabei wenn nötig die Förmchen immer wieder einfetten. Falls die Krokantmasse zu fest wird, kann man sie bei geringer Temperatur sanft erwärmen, bis sie wieder weich wird.

Die abgekühlten Krokantschälchen mit Obst nach Wahl füllen und dann nach Wunsch noch einen großzügigen Löffel Schlagsahne daraufgeben.

Rezeptvariante
Anstatt mit Schlagsahne kann man diese südstaatlichen Köstlichkeiten auch mit griechischem Joghurt servieren.

Rapunzels Schokoladen-Haselnuss-Tarte

Laut Mutter Gothel ist Haselnusssuppe eines von Rapunzels Lieblingsgerichten. Aber selbst sie kann Rapunzel nicht aufmuntern, als ihr klar wird, dass sie in einem Turm gefangen gehalten wird und Mutter Gothel gar nicht ihre Mutter ist. Diese von Rapunzels Lieblingssuppe inspirierte Schokoladen-Haselnuss-Tarte sorgt aber ganz sicher für gute Laune, und das Beste ist: Den Teig kann man einen Tag im Vorhinein zubereiten, sodass die Tarte im Handumdrehen fertig ist!

Für den Tarteboden

Backspray
155 g Mehl
60 g gemahlene Haselnüsse
30 g ungesüßtes Kakaopulver
60 g Zucker
¼ TL Salz
125 g kalte Butter, in Stückchen geschnitten
60 ml Milch, plus etwas mehr nach Bedarf
1 TL reines Vanilleextrakt

Für die Füllung

45 g Butter
60 g Bitterschokolade (möglichst hoher Kakaoanteil)
3 Eier (M)
155 g heller Maissirup
125 g Zucker
1 TL reines Vanilleextrakt
¼ TL Salz
225 g ganze Haselnüsse, geröstet, enthäutet und grob gehackt

Für 6–8 Personen

Eine Tarteform (Ø 23 cm) mit abnehmbarem Rand mit Backspray einsprühen.

Mehl, Haselnüsse, Kakao, Zucker und Salz in die Küchenmaschine geben und mixen, bis alles gut vermischt ist. Die Butterstückchen darüber verteilen und wieder einige Sekunden mixen, bis die Butter und die Mehlmischung grob vermischt sind. Milch und Vanilleextrakt dazugeben und weitermixen, bis eine gleichmäßig feuchte Mischung entsteht. Wenn die Mischung zu trocken wirkt, kann man nach und nach teelöffelweise noch mehr Milch dazugeben und dazwischen immer wieder einige Sekunden mixen, bis die Mischung gleichmäßig feucht ist. Die Mischung in die vorbereitete Form geben, mit den Händen gleichmäßig verteilen, gut festdrücken und die Ränder hochziehen. Den Tarteboden bis zur weiteren Verwendung in den Kühlschrank geben.

Den Backofen auf 220 °C vorheizen. Für die Füllung einen kleinen Topf etwa 2,5 cm hoch mit Wasser füllen und dieses bei geringer Temperatur zum Köcheln bringen. Butter und Schokolade in eine hitzebeständige Schüssel geben und unter gelegentlichem Umrühren über dem Wasserbad schmelzen – wichtig ist dabei, dass die Schüssel das köchelnde Wasser nicht berührt! Die Mischung von der Hitze nehmen und etwas abkühlen lassen.

Die Eier in eine große Schüssel geben und verquirlen. Maissirup, Zucker, Vanilleextrakt und Salz dazugeben und mit einem Schneebesen kräftig rühren, bis sich der Zucker aufgelöst hat und alles gut vermischt ist. Die Schokoladen-Butter-Mischung dazugeben und ebenfalls gut unterrühren. Schließlich die Haselnüsse unterheben.

Den Tarteboden aus dem Kühlschrank nehmen und die Füllung gleichmäßig darauf verteilen. Die Tarte etwa 15 Minuten backen, dann die Temperatur auf 180 °C reduzieren und die Tarte weitere etwa 25 Minuten backen, bis die Füllung am Rand fest wird – in der Mitte darf sie ruhig noch etwas weicher sein. Die Tarte in der Form auf einem Kuchengitter komplett auskühlen lassen. Um die Tarte aus der Form zu nehmen, diese auf eine umgedrehte Schüssel stellen und den Rand vorsichtig nach unten wegnehmen. Die Tarte mithilfe einer Palette vorsichtig vom Boden lösen, auf eine Servierplatte geben und bei Zimmertemperatur servieren.

Belles „Sei unser Gast!"-Tartelettes

Diese eleganten Schokoladen-Himbeer-Tartelettes sorgen ganz sicher dafür, dass jeder gern dein Gast sein möchte! Und sie wären perfekt für das festliche mehrgängige Musikmenü, mit dem die verzauberten Teller, Tassen und Kerzenständer Belle in *Die Schöne und das Biest* begrüßen. Man kann den Teig im Vorhinein zubereiten und die Tartelettes füllen, kurz bevor man seine Gäste zu einem unvergesslichen Menü willkommen heißt!

Für den Teig

125 g halbweiche Butter, in Stückchen geschnitten

40 g Puderzucker, gesiebt

1 Eigelb (M)

1 TL reines Vanilleextrakt

¼ TL Salz

200 g Mehl, plus etwas mehr für die Arbeitsfläche

20 g ungesüßtes Kakaopulver

Backspray

Für die Füllung

240 g Sahne

2 EL fein passierte Himbeerkonfitüre

12 frische Himbeeren zum Dekorieren

Puderzucker zum Bestäuben

Ergibt 12 Tartelettes

Rezeptvariante

Die luftig-leichte Sahnefüllung bildet einen tollen Kontrast zu den schokoladigen Tarteletteböden. Alternativ eignen sich als Füllung auch in Scheiben geschnittene Banane, Beeren oder andere Früchte.

Für den Teig die Butter, den Puderzucker, das Eigelb, das Vanilleextrakt und das Salz in eine große Schüssel geben und mit dem Handrührgerät auf mittlerer Stufe etwa 1 Minute schaumig rühren. Das Handrührgerät kurz ausschalten und die Mischung mit einem Spatel von den Seitenwänden der Schüssel nach unten schieben. Mehl und Kakao über die Buttermischung sieben und dann etwa 1 Minute auf niedrigster Stufe unterrühren, bis ein grober Teig entsteht. Den Teig auf eine saubere Arbeitsfläche geben und mit den Händen zu einer dicken Scheibe flach drücken. Die Teigscheibe in Frischhaltefolie einschlagen und mindestens 30 Minuten oder noch besser über Nacht in den Kühlschrank geben.

Eine 12er-Muffinform mit Backspray einsprühen. Den Teig auf einer leicht bemehlten Arbeitsfläche etwa 3 mm dünn ausrollen. Falls der Teig einreißt, die Kanten einfach überlappend aufeinanderlegen und gut festdrücken. Mit einem runden Ausstecher mit gewelltem Rand (Ø 8 cm) so viele Kreise wie möglich ausstechen. Die Teigreste verkneten, wieder ausrollen und weitere Kreise ausstechen. Insgesamt sollten es zwölf Teigkreise sein. Die Teigkreise in die Vertiefungen der vorbereiteten Muffinform geben, gut festdrücken und die Ränder hochziehen. Die Tarteletteböden vor dem Backen mindestens 30 Minuten im Kühlschrank durchkühlen lassen.

Den Backofen auf 180 °C vorheizen und dann die Tarteletteböden etwa 15 Minuten backen, bis sie leicht goldbraun sind.

Die Tarteletteböden etwa 10 Minuten in der Form auf einem Kuchengitter abkühlen lassen, dann vorsichtig aus der Form nehmen und auf einem Kuchengitter komplett auskühlen lassen.

Sobald die Tarteletteböden ausgekühlt sind, die Füllung zubereiten. Dafür Sahne und Konfitüre in eine Schüssel geben und mit dem Handrührgerät auf mittlerer Stufe etwa 5 Minuten steif schlagen, dabei allerdings nicht zu lange rühren, damit die Sahne nicht zu Butter wird.

Die Füllung in einen Spritzbeutel mit großer Sterntülle geben und auf die Tarteletteböden spritzen. Schließlich auf jede Tartelette noch eine Himbeere setzen, die Tartelettes großzügig mit Puderzucker bestäuben und dann sofort servieren.

Spinnrad-Tarte

Als Baby wird Prinzessin Aurora von der bösen Fee Malefiz mit einem Fluch belegt: An ihrem 16. Geburtstag soll sie sich an einer Spindel stechen und in einen tiefen Schlaf fallen (eigentlich sollte sie sogar sterben, aber die gute Fee Sonnenschein schaffte es gerade noch, den Fluch abzuschwächen!). Obwohl alles getan wird, um sie zu beschützen, sticht sich Aurora tatsächlich an ihrem 16. Geburtstag an einer Spindel und fällt in einen tiefen Schlaf – deshalb nennt man sie auch die „schlafende Schönheit". Diese Tarte mit Vanillepudding, frischer Mango und Himbeeren erinnert an das Spinnrad, das ihr zum Verhängnis wurde.

Tarteteig (siehe Seite 129)
Backspray

Für den Vanillepudding
1 Vanilleschote
375 ml Milch
4 Eigelb (M)
125 g Zucker
2 EL Maisstärke
2 EL weiche Butter

1 reife Mango zum Dekorieren
9 frische Himbeeren zum Dekorieren

Für 8 Personen

Den Teig nach Rezept zubereiten und kaltstellen.

Eine Tarteform (Ø 23 cm) mit abnehmbarem Rand mit Backspray einsprühen. Den Teig auf eine leicht bemehlte Arbeitsfläche geben und etwa 3 mm dünn zu einem Kreis von 30–33 cm Durchmesser ausrollen. Falls der Teig einreißt, die Kanten einfach überlappend aufeinanderlegen und festdrücken. Den Teig mithilfe des Nudelholzes aufrollen, in die vorbereitete Tarteform entrollen, gut in der Form festdrücken und die Ränder hochziehen. Die überstehenden Ränder mit einer Küchenschere oder einem kleinen Messer zurückschneiden, dabei einen Überhang von etwa 2,5 cm lassen. Den Überhang nach innen in die Form falten und an den Seiten gut festdrücken, um diese zu verstärken. Den Tarteboden für mindestens 15 Minuten oder noch besser über Nacht in den Kühlschrank geben.

Den Backofen auf 190 °C vorheizen. Die vorbereitete Tarteform mit Backpapier auslegen, mit getrockneten Hülsenfrüchten oder Bohnen füllen und den Tarteboden etwa 15 Minuten blindbacken. Den Tarteboden aus dem Ofen nehmen, die Hülsenfrüchte oder Bohnen sowie das Backpapier herausnehmen und den Tarteboden weitere 10 Minuten backen, bis er goldbraun ist. Den fertigen Tarteboden in der Form auf einem Kuchengitter abkühlen lassen.

In der Zwischenzeit den Vanillepudding zubereiten. Dafür die Vanilleschote mit einem kleinen, scharfen Messer der Länge nach halbieren und das Mark mit dem Messerrücken herauskratzen. Die Milch, das Vanillemark und die Vanilleschote in einen Topf geben und bei mittlerer Temperatur erhitzen, bis die Milch beginnt zu dampfen – sie sollte aber nicht kochen. Den Topf von der Hitze nehmen und kurz beiseitestellen. Eigelbe, Zucker und Stärke in eine Schüssel geben und mit einem Schneebesen verrühren, bis sich Zucker und Stärke aufgelöst haben. Die Vanilleschote aus der Vanillemilch nehmen. Etwa 250 ml Vanillemilch unter ständigem Rühren zur Eigelb-Zucker-Mischung geben und die Mischung dann in einem dünnen Strahl unter ständigem Rühren zur Vanillemilch geben.

Den Topf wieder auf den Herd stellen und die Mischung bei geringer Temperatur unter ständigem Rühren etwa 4 Minuten sanft köcheln lassen, bis sie eincickt. Die Butter dazugeben und mit einem Schneebesen verrühren, bis sie geschmolzen ist. Die Mischung von der Hitze nehmen und durch ein feines Sieb auf den Tarteboden gießen. Die Mischung mit Frischhaltefolie abdecken, sodass diese direkt auf der Oberfläche aufliegt (das sorgt dafür, dass sich keine Haut bildet!), und die Tarte für etwa 2 Stunden in den Kühlschrank geben, bis der Vanillepudding fest ist.

Jetzt geht es ans Dekorieren. Dafür die Mango auf ein großes Schneidebrett geben und das Fruchtfleisch mit einem großen, scharfen Messer an einer Seite so nahe wie möglich entlang des flachen, langen Kerns abschneiden. Die Mango um 180 Grad drehen und das Fruchtfleisch auf der anderen Seite ebenso vom Kern schneiden. Mit einem Löffel das Fruchtfleisch aus der Schale schaben und dann der Länge nach in etwa 6 mm dünne Scheiben schneiden (um nichts zu verschwenden, das Fruchtfleisch von den kurzen Seiten des Kerns schneiden, die Schale entfernen und die Stücke naschen!).

Acht Mangoscheiben auf einen Teller geben und kurz beiseitestellen. Die restlichen Mangoscheiben am äußeren Rand der Tarte leicht überlappend der Länge nach rundherum auf die Vanillefüllung schichten – das ergibt den äußeren Rand des Spinnrads. Die acht beiseitegegebenen Mangoscheiben in 1 cm breite Streifen schneiden und diese als „Speichen" sternförmig von der Mitte aus auf die Vanillefüllung legen. Schließlich eine Himbeere in die Mitte des „Spinnrads" und jeweils eine auf die äußeren Enden der „Speichen" legen und die Tarte dann bis zum Servieren in den Kühlschrank geben.

Schneewittchens Wunschbrunnen-Pie

Schneewittchen, die im Schloss der bösen Königin zur Arbeit als Dienstmagd gezwungen wird, singt gerade ein Lied am Wunschbrunnen, als der Prinz am Schloss vorbeireitet. Er hört sie und kommt in den Hof, um mitzusingen. Dieser Blaubeer-Ingwer-Pie wird mit verdrehten Teigstreifen dekoriert, die an das sich kräuselnde Wasser im Wunschbrunnen erinnern. Lässt man den Ingwer weg, erhält man übrigens einen klassischen Blaubeer-Pie.

Pieteig für gedeckte Pies
(siehe Seite 129)

1000 g frische oder gefrorene und aufgetaute Blaubeeren

250 g Zucker

1 EL frisch gepresster Zitronensaft

1 TL geschälter, fein geriebener frischer Ingwer

1 Prise Salz

30 g Maisstärke

2 EL weiche Butter, in kleine Stückchen geschnitten

1 Ei (M) verquirlt mit 1 TL Wasser

Turbinado-Zucker zum Bestreuen

Für 8–10 Personen

Den Teig nach Rezept zubereiten und kaltstellen.

Eine Teigscheibe aus dem Kühlschrank nehmen und auf einer leicht bemehlten Arbeitsfläche etwa 3 mm dünn zu einem Kreis von etwa 33 cm Durchmesser ausrollen. Den Teig mithilfe des Nudelholzes aufrollen, in eine Pieform (Ø 23 cm) entrollen, gut in der Form festdrücken und die Ränder hochziehen. Die überstehenden Ränder mit einer Küchenschere oder einem kleinen Messer zurückschneiden, dabei einen Überhang von etwa 12 mm lassen. Den Überhang einmal nach außen unten einschlagen, sodass ein dicker Rand auf dem Rand der Form aufliegt, und diesen dann entweder nach und nach zwischen Zeigefinger und Daumen zusammendrücken – so entsteht ein Wellenrand – oder mit einer Gabel ein Streifenmuster in den Rand drücken. Den Pieboden mindestens 30 Minuten in den Kühlschrank geben.

In der Zwischenzeit Blaubeeren, Zucker, Zitronensaft, Ingwer und Salz in einen großen Topf geben und unter gelegentlichem Umrühren bei mittlerer Temperatur etwa 5–7 Minuten sanft köcheln lassen, bis die Blaubeeren beginnen zu zerfallen und die Flüssigkeit leicht eindickt. Den Topf vom Herd nehmen, die Stärke unterrühren, bis alles gut vermischt ist, und die Mischung dann auf Zimmertemperatur abkühlen lassen. Den Backofen auf 180 °C vorheizen.

Die Arbeitsfläche sauberwischen und dann wieder leicht mit Mehl bestäuben. Die zweite Teigscheibe aus dem Kühlschrank nehmen, auf der bemehlten Arbeitsfläche zu einem etwa 45 x 15 cm großen Rechteck ausrollen und dieses der Länge nach in sechs 2,5 cm breite Streifen schneiden. Den Pieboden aus dem Kühlschrank nehmen und die abgekühlte Blaubeerfüllung sowie die Butterstückchen darauf verteilen. Einen Teigstreifen nehmen, in sich verdrehen – die einzelnen Drehungen sollten etwa 2,5 cm breit sein – und dann von der Mitte aus spiralförmig auf die Füllung legen. Ein Ende eines weiteren Teigstreifens auf das Ende des ersten Teigstreifens legen und gut zusammendrücken, dann den zweiten Teigstreifen verdrehen und spiralförmig um den ersten legen. So auch die weiteren Teigstreifen auf den Pie legen, bis die ganze Füllung mit verdrehten Teigstreifen bedeckt ist. Die Ränder des Pies sowie die verdrehten Teigstreifen mit verquirltem Ei bestreichen und mit Turbinado-Zucker bestreuen.

Die Pieform auf ein Backblech stellen und den Pie 50–55 Minuten backen, bis der Teigrand und die verdrehten Teigstreifen goldbraun sind und die Füllung beginnt, Blasen zu werfen. Falls der Teig zu schnell Farbe annimmt, kann man den Pie mit Alufolie abdecken. Den Pie vor dem Servieren mindestens 4 Stunden oder noch besser über Nacht in der Form auf einem Kuchengitter auskühlen lassen.

Schneewittchens Biss-in-den-Apfel-Mini-Pies

Als Schneewittchen in den Apfel beißt, den ihr die als altes Mütterchen verkleidete böse Königin gegeben hat, fällt sie in einen tiefen Schlaf, aus dem sie nur der Kuss ihrer wahren Liebe aufwecken kann. Diese Mini-Pies mit Apfelfüllung sind so köstlich, dass man ihnen nicht widerstehen kann – wie Schneewittchen dem saftigen roten Apfel! Wichtig ist dabei, die Äpfel in gleich dünne Scheiben zu schneiden, damit sie gleichmäßig gar werden.

Pieteig für gedeckte Pies (siehe Seite 129)

60 g Zucker

1000 g säuerlich-süße Backäpfel, z. B. Gala, Pink Lady oder Honey-crisp, geschält, Kerngehäuse entfernt und in etwa 3 mm dünne Scheiben geschnitten

1 TL gemahlener Zimt

¼ TL gemahlene Muskatnuss

¼ TL Salz

abgeriebene Schale und Saft von 1 Bio-Zitrone

1 Ei (M) verquirlt mit 1 TL Wasser

Turbinado-Zucker zum Bestreuen

Vanilleeis zum Servieren

Ergibt 10 Mini-Pies

Rezeptvariante

Anstatt mit Vanilleeis kann man diese unwiderstehlichen Apfel-Mini-Pies auch mit griechischem Joghurt servieren.

Den Teig nach Rezept zubereiten und kaltstellen.

Eine Teigscheibe auf eine leicht bemehlte Arbeitsfläche geben und etwa 3 mm dünn ausrollen. Mit einem runden Ausstecher (Ø 10 cm) so viele Kreise wie möglich ausstechen und diese auf ein Backblech geben. Die Teigreste verkneten und kurz beiseitegeben. Die zweite Teigscheibe ebenfalls ausrollen, weitere Kreise ausstechen und auf ein zweites Backblech geben. Die Teigreste zusammen mit den beiseitegegebenen Teigresten verkneten, wieder ausrollen und weitere Kreise ausstechen. Insgesamt sollten es 20 Teigkreise sein. Falls noch Teig übrig bleibt, kann man mit einem kleinen, scharfen Messer zehn Blätter ausschneiden und den restlichen Teig zu dünnen Rollen formen – das werden die Apfelstiele! Die Blätter und Stiele ebenfalls auf ein Backblech legen. Die Teigkreise, die Blätter und die Stiele mit Frischhaltefolie abdecken und bis zur weiteren Verwendung in den Kühlschrank geben – man sollte sie allerdings etwa 10 Minuten vor dem Zusammensetzen der Pies aus dem Kühlschrank nehmen, damit sie nicht zu kalt sind und sich gut formen lassen.

Zucker und 60 ml Wasser in eine große Pfanne geben und bei mittlerer Temperatur unter Rühren erhitzen, bis sich der Zucker aufgelöst hat. Äpfel, Zimt, Muskat und Salz dazugeben und unter gelegentlichem Umrühren 6–8 Minuten sanft köcheln lassen, bis die Äpfel weich sind und die Flüssigkeit leicht eindickt. Die Mischung in eine Schüssel geben, Zitronenabrieb und -saft unterrühren und die Mischung dann auf Zimmertemperatur abkühlen lassen.

In der Zwischenzeit den Backofen auf 200 °C vorheizen und zwei Backbleche mit Backpapier auslegen.

Zehn Teigkreise mit etwa 2,5 cm Abstand zueinander auf die Backbleche geben und mit etwas verquirltem Ei bestreichen. Je etwa 50–60 g Füllung in die Mitte der Kreise geben, die restlichen Teigkreise auf die Füllung geben, die Ränder der Teigkreise mit einer Gabel gut zusammendrücken und die Mini-Pies mit verquirltem Ei bestreichen. Falls du Blätter und Stiele vorbereitet hast, die Ränder der Pies zu einem Wellenrand formen – so sehen sie noch mehr aus wie Äpfel! –, auf jeden Pie ein Blatt und einen Stiel legen und sanft festdrücken. Mit einem scharfen Messer mehrere kleine Einschnitte in die Pies machen, sodass Dampf entweichen kann, und die Pies schließlich mit etwas Turbinado-Zucker bestreuen.

Ein Backblech mit Pies in den Kühlschrank geben, die restlichen Pies 18–22 Minuten backen, bis sie goldbraun sind. Die Pies mindestens 15 Minuten auf dem Blech auf einem Kuchengitter abkühlen lassen und in der Zwischenzeit die restlichen Pies backen. Am besten schmecken die fertigen Pies lauwarm mit einer Kugel Vanilleeis. Die Pies halten sich in einem luftdicht verschließbaren Behältnis bei Zimmertemperatur bis zu 7 Tage.

Cinderellas Ahornsirup-Kürbis-Pie

Cinderella hat keine Ahnung, wie sie zum Ball des Prinzen kommen soll – bis die gute Fee mit einem Schwenk ihres Zauberstabs einen Kürbis in eine magische Kutsche verzaubert! Und genau wie die Kürbiskutsche Cinderella zuverlässig zum Ball bringt, macht dieser Kürbis-Pie jeden Gast zuverlässig glücklich! Die selbst gemachte Gewürzmischung sorgt für ein tolles Aroma, man kann stattdessen aber auch einfach 1 ½ TL Kürbiskuchengewürz verwenden.

Pieteig (siehe Seite 129)

425 g Kürbispüree aus dem Glas oder der Dose oder 425 g pürierter gekochter Kürbis

155 g Rohrohrzucker

170 g reiner Ahornsirup

180 ml Milch

120 g Sahne

2 Eier (M), leicht verquirlt

2 EL Mehl

1 TL gemahlener Zimt

¼ TL gemahlener Ingwer

⅛ TL gemahlene Muskatnuss

¼ TL Salz

Schlagsahne (siehe Seite 131) zum Servieren

Für 8 Personen

Den Teig nach Rezept zubereiten und kaltstellen.

Den Teig auf einer leicht bemehlten Arbeitsfläche etwa 3 mm dünn zu einem Kreis von etwa 33 cm Durchmesser ausrollen. Den Teig mithilfe des Nudelholzes aufrollen, in eine Pieform (Ø 23 cm) entrollen, gut in der Form festdrücken und die Ränder hochziehen. Die überstehenden Ränder mit einer Küchenschere oder einem kleinen Messer zurückschneiden, dabei einen Überhang von etwa 12 mm lassen. Den Überhang einmal nach außen unten einschlagen, sodass ein dicker Rand auf dem Rand der Form aufliegt, und diesen dann entweder nach und nach zwischen Zeigefinger und Daumen zusammendrücken – so entsteht ein Wellenrand – oder mit einer Gabel ein Streifenmuster in den Rand drücken. Den Pieboden mindestens 20 Minuten ins Gefrierfach geben.

Den Backofen auf 200 °C vorheizen. Die vorbereitete Pieform mit Backpapier auslegen, mit getrockneten Hülsenfrüchten oder Bohnen füllen und den Pieboden etwa 15 Minuten blindbacken. Den Pieboden aus dem Ofen nehmen, die Hülsenfrüchte oder Bohnen sowie das Backpapier herausnehmen und den Pieboden weitere 5 Minuten backen, bis er leicht goldbraun ist. Den fertigen Pieboden in der Form auf einem Kuchengitter abkühlen lassen und den Backofen auf 180 °C zurückschalten.

Kürbispüree, Zucker und Ahornsirup in eine große Schüssel geben und gut verrühren. Milch, Sahne und Eier dazugeben und mit einem Schneebesen gut unterrühren. Schließlich Mehl, Zimt, Ingwer, Muskat und Salz in die Schüssel sieben und dann unterrühren, bis alles gut vermischt ist.

Die Pieform auf ein Backblech stellen und die Füllung auf dem Pieboden verteilen. Den Pie 60–70 Minuten backen, bis die Füllung beginnt, fest zu werden – in der Mitte darf sie aber ruhig noch etwas weicher sein. Den Pie anschließend mindestens 1 Stunde in der Form auf einem Kuchengitter abkühlen lassen. Zum Servieren den Pie in Stücke schneiden und mit je einem großen Löffel Schlagsahne anrichten.

Verzauberte-Rose-Mini-Pies

Weil er eine verzauberte Rose zurückweist, wird der Prinz in *Die Schöne und das Biest* in ein scheußliches Monster verwandelt. Mit der Zeit lernt er, dass wahre Schönheit von innen kommt, und erobert Belles Herz, bevor die magische Rose verblüht. So schafft er es, den Fluch zu brechen, und wird wieder in einen Menschen verwandelt. Hier werden Apfelscheiben zu eleganten Rosen, die an die verzauberte Rose erinnern. Beim Umrühren sollte man darauf achten, dass die Apfelscheiben nicht brechen, nur so lassen sich hübsche Rosen formen.

Pieteig (siehe Seite 129), nach Rezept zubereitet und kaltgestellt

Backspray

4 große säuerliche Backäpfel (etwa 1000 g), z. B. Honeycrisp, Gala oder Pink Lady

3 EL frisch gepresster Zitronensaft

2 EL weiche Butter

105 g Rohrohrzucker

75 g fein passierte Himbeerkonfitüre

Ergibt 12 Mini-Pies

Eine 12er-Muffinform mit Backspray einsprühen. Den Teig auf eine leicht bemehlte Arbeitsfläche geben und etwa 3 mm dünn ausrollen. Mit einem runden Ausstecher (Ø 10 cm) so viele Kreise wie möglich ausstechen. Die Teigreste verkneten, wieder ausrollen und weitere Kreise ausstechen. Insgesamt braucht man 12 Teigkreise. Die Teigkreise in die Vertiefungen der vorbereiteten Muffinform geben, gut festdrücken und die Ränder bis knapp unter die obere Kante der Vertiefungen hochziehen. Die Muffinform in den Kühlschrank geben.

Einen Apfel mit dem Stiel nach oben auf ein Schneidebrett geben. Mit einem scharfen Messer knapp neben dem Kerngehäuse eine Hälfte des Apfels abschneiden. Den Apfel um 180 °C drehen und die andere Hälfte ebenfalls abschneiden. So auch das restliche Fruchtfleisch vom Kerngehäuse schneiden. Insgesamt sollten es jetzt vier Apfelstücke sein: zwei kleinere und zwei größere. Die Enden der größeren Stücke mit einem scharfen Messer abschneiden und diese dann der Breite nach in etwa 2 mm dünne Scheiben schneiden oder mit einem Gemüsehobel fein hobeln. Die kleineren Stücke der Länge nach in sehr dünne Scheiben schneiden. Mit den restlichen Äpfeln wiederholen, die Apfelscheiben in eine große Schüssel geben, mit dem Zitronensaft beträufeln und vorsichtig umrühren.

Die Butter in einen kleinen Topf geben und bei mittlerer Temperatur zerlassen. Zucker und Konfitüre dazugeben und unter ständigem Rühren etwa 2 Minuten sanft köcheln lassen. Den Topf von der Hitze nehmen, die Mischung zu den Apfelscheiben in die Schüssel geben und vorsichtig umrühren, bis alles gut vermischt ist. Etwa ein Drittel der Apfelscheiben nebeneinander auf einen mikrowellengeeigneten Teller geben und in der Mikrowelle etwa 1 Minute erhitzen – so lassen sie sich gleich besser formen. Die Apfelscheiben auf ein großes Backblech geben, die restlichen Apfelscheiben auf zwei Mal ebenso erhitzen und dann nebeneinander auf das Backblech geben.

Den Backofen auf 190 °C vorheizen. Für die Apfelrosen etwa zwölf Apfelscheiben mit dem Schalenrand nach oben zeigend und an den kurzen Seiten etwa bis zur Hälfte überlappend in einer geraden Linie auf ein Schneidebrett legen. Insgesamt sollten die überlappenden Apfelscheiben eine Länge von etwa 30 cm haben. Bei der ersten untenliegenden Apfelscheibe beginnend die Scheiben vorsichtig einrollen, sodass die geraden Kanten möglichst genau aufeinanderliegen. Die fertige Rose mittig auf einen Mini-Pie-Boden geben und, falls nötig, etwaige Lücken am Rand mit weiteren einzelnen Apfelscheiben füllen. Mit den restlichen Apfelscheiben wiederholen, bis in jeder Vertiefung eine Apfelrose ist.

Die Mini-Pies etwa 40 Minuten backen, bis die Teigränder goldbraun sind. Die Pies etwa 20 Minuten in der Form auf einem Kuchengitter abkühlen lassen, dann vorsichtig aus der Form nehmen und warm oder bei Zimmertemperatur servieren.

Rapunzels Geflochtener-Zopf-Beeren-Pie

Nachdem Rapunzel es geschafft hat, aus dem Turm zu entkommen und sich in die Stadt zu schleichen, flechten ihr vier Mädchen die langen, blonden Haare und schmücken den aufwendig geflochtenen Zopf mit Blumen. Dieser Pie mit Gitterdeckel ist genauso atemberaubend wie Rapunzels wunderschöner Zopf – beides sind einfach echte Kunstwerke!

Pieteig für gedeckte Pies
(siehe Seite 129)

1000 g gemischte frische Beeren,
z. B. Brombeeren, Blaubeeren
und/oder Himbeeren

220 g Rohrohrzucker

30 g Maisstärke

1 Prise Salz

1 TL Zitronenabrieb

2 EL frisch gepresster Zitronensaft

1 Ei (M) verquirlt mit 1 TL Wasser

Turbinado-Zucker zum Bestreuen

Für 8 Personen

Den Teig nach Rezept zubereiten und kaltstellen. Den Backofen auf 180 °C vorheizen.

Eine Teigscheibe aus dem Kühlschrank nehmen und auf einer leicht bemehlten Arbeitsfläche etwa 3 mm dünn zu einem Kreis von etwa 30 cm Durchmesser ausrollen. Den Teig mithilfe des Nudelholzes aufrollen, in eine Pieform (Ø 23 cm) entrollen, gut in der Form festdrücken und die Ränder hochziehen. Die überstehenden Ränder mit einer Küchenschere oder einem kleinen Messer zurückschneiden, dabei einen Überhang von etwa 2,5 cm lassen. Den Pieboden in den Kühlschrank geben.

Beeren, Zucker, Stärke, Salz, Zitronenabrieb und -saft in eine große Schüssel geben und vorsichtig verrühren, bis alles gut vermischt ist.

Die Arbeitsfläche sauberwischen und dann wieder leicht mit Mehl bestäuben. Die zweite Teigscheibe aus dem Kühlschrank nehmen, auf der bemehlten Arbeitsfläche etwa 3 mm dünn zu einem etwa 38 x 30 cm großen Oval ausrollen und dieses der Breite nach in mindestens zwölf 2,5 cm breite und etwa 30 cm lange Streifen schneiden. Drei oder mehr der längeren Streifen aus der Mitte bereitlegen – das werden die Zöpfe. Davon abgesehen braucht man noch mindestens neun nicht geflochtene Streifen. Einen der Zopfstreifen der Länge nach in drei gleich breite Streifen schneiden, diese an einer Seite an den Enden zusammendrücken, flechten, dabei darauf achten, dass die Streifen möglichst flach auf der Arbeitsfläche liegen, und dann die Enden zusammendrücken. So mindestens zwei weitere Zöpfe flechten.

Fortsetzung auf Seite 66

Den Pieboden aus dem Kühlschrank nehmen und die Füllung darauf verteilen. Jetzt wird das Gitter gefertigt: Dafür die Hälfte der nicht geflochtenen Streifen und einen (oder mehr) Zöpfe mit etwas Abstand zueinander parallel nebeneinander auf ein Stück Backpapier legen. Jeden zweiten Streifen bzw. Zopf bis auf etwa 2 cm zurückfalten, einen Streifen oder Zopf im rechten Winkel direkt an die Kante der zurückgefalteten Streifen bzw. Zöpfe legen und diese dann wieder flach über den Streifen bzw. Zopf falten. Nun die anderen, zuvor nicht zurückgefalteten Streifen bzw. Zöpfe über diesen Streifen zurückfalten, wieder einen Streifen oder Zopf im rechten Winkel direkt an die Kante der zurückgefalteten Streifen bzw. Zöpfe legen und diese dann wieder flach über den Streifen bzw. Zopf falten. Diesen Vorgang so lange wiederholen, bis das Gitter groß genug ist, um den Pie komplett zu bedecken. Das Gitter mithilfe des Backpapiers auf die Füllung stürzen und die Streifen bzw. Zöpfe rundherum zurückschneiden, sodass ein Überhang von etwa 2,5 cm bleibt.

Den Überhang des Piebodens und den des Gitters zusammen nach außen unten einschlagen, sodass ein dicker Rand auf dem Rand der Form aufliegt, und diesen dann entweder nach und nach zwischen Zeigefinger und Daumen zusammendrücken – so entsteht ein Wellenrand – oder mit einer Gabel ein Streifenmuster in den Rand drücken. Das Gitter und den Rand mit verquirltem Ei bestreichen und mit Turbinado-Zucker bestreuen.

Die Pieform auf ein Backblech stellen und den Pie 1–1¼ Stunden backen, bis das Gitter und der Teigrand goldbraun und knusprig sind und die Füllung Blasen wirft. Falls der Teig zu schnell Farbe annimmt, kann man den Pie mit Alufolie abdecken. Den Pie mindestens 4 Stunden oder über Nacht in der Form auf einem Kuchengitter abkühlen lassen.

Mulans Creme-Tartelettes

Mulan basiert auf der chinesischen Legende von Hua Mulan, einem Mädchen, das sich als Mann verkleidete, um an der Stelle seines Vaters in den Krieg zu ziehen. Diese seidigen Creme-Tartelettes wurden zwar einst von den Europäern nach Macau und Hongkong gebracht, sie sind aber mittlerweile ein echter chinesischer Klassiker, den man fast überall bekommt. Hier wird für die Tartelettes ein Teig mit Frischkäse zubereitet, wenn es aber einmal schnell gehen soll, kann man auch einfach einen qualitativ hochwertigen gekauften Mürbeteig verwenden.

Für den Teig

200 g Mehl, plus etwas mehr für die Arbeitsfläche

2 TL Zucker

¼ TL Salz

90 g weiche Butter

3 EL Frischkäse (gut gekühlt)

Für die Füllung

80 ml Milch

2 Eier (M) und 1 Eigelb

90 g Zucker

1 Prise Salz

1 TL frisch gepresster Zitronensaft

½ TL reines Vanilleextrakt

Ergibt 12 Tartelettes

Für den Teig Mehl, Zucker und Salz in eine mittelgroße Schüssel geben und gut vermischen. Butter und Frischkäse in eine große Schüssel geben und mit dem Handrührgerät auf mittlerer Stufe etwa 1 Minute verrühren. Die Mehlmischung und 2 EL eiskaltes Wasser dazugeben und auf niedrigster Stufe verrühren, bis ein grober Teig entsteht. Das Handrührgerät ausschalten und den Teig mit einem Spatel von den Seitenwänden der Schüssel nach unten schieben.

Zwölf Tartelettförmchen (Ø 7,5 cm, mindestens 2,5 cm hoch) und ein Backblech bereitstellen. Den Teig auf eine leicht bemehlte Arbeitsfläche geben, zu einer Rolle formen und diese mit den Händen hin- und herrollen, bis sie etwa 30 cm lang ist. Die Rolle in zwölf gleich große Stücke schneiden, diese in die Tartelettförmchen geben, mit den Händen gut festdrücken und die Ränder hochziehen. Die Förmchen auf das Backblech stellen, mit Frischhaltefolie abdecken und mindestens 1 Stunde oder noch besser über Nacht in den Kühlschrank geben, bis die Tartelettböden gut durchgekühlt sind.

Den Backofen auf 165 °C vorheizen. Die Tartelettböden mit einer Gabel mehrmals einstechen und dann etwa 15 Minuten backen, bis sie leicht goldbraun sind. Die Tartelettböden in den Förmchen auf dem Blech auf einem Kuchengitter abkühlen lassen.

In der Zwischenzeit für die Füllung die Milch und 2 EL Wasser in einen kleinen Topf geben, bei mittlerer Temperatur einmal aufkochen lassen und dann den Topf von der Hitze nehmen. Die Eier, das Eigelb, den Zucker, das Salz und den Zitronensaft in eine Schüssel geben und mit einem Schneebesen etwa 1 Minute verrühren, bis sich der Zucker aufgelöst hat. Unter ständigem Rühren die heiße Milch-Wasser-Mischung in einem dünnen Strahl zur Eimischung geben und rühren, bis alles gut vermischt ist. Schließlich das Vanilleextrakt unterrühren und die Füllung durch ein feines Sieb in einen großen Messbecher mit Ausguss oder einen Krug gießen.

Die Füllung in die Tartelettförmchen gießen, bis diese bis etwa 3 mm unter dem Rand gefüllt sind. Die Tartelettes 15–20 Minuten backen, bis die Füllung fest ist, aber noch keine Farbe angenommen hat. Es macht nichts, wenn die Füllung etwas aufgeht, sie fällt wieder zusammen, wenn die Tartelettes abkühlen. Die Tartelettes auf dem Backblech auf einem Kuchengitter komplett auskühlen lassen, dann vorsichtig aus den Förmchen nehmen und bei Zimmertemperatur servieren. Die Tartelettes halten sich in einem luftdicht verschließbaren Behältnis im Kühlschrank bis zu 3 Tage.

Pocahontas' Kompass-Pie mit Honig und Meersalz

Großmutter Weide ist ein alter, weiser sprechender Baum, bei dem Pocahontas Rat sucht, wenn sie nicht weiter weiß. Als Pocahontas Großmutter Weide von ihrem Traum eines sich drehenden Pfeils erzählt, wird ihr plötzlich klar, dass Johns Kompass der Pfeil ist, der ihr schließlich ihr Schicksal zeigen wird. Dieser seidige Pie mit dem knusprigen glutenfreien Boden ist von Johns Kompass inspiriert. Er erhält durch Honig und Kokosblütenzucker eine wunderbare natürliche Süße, und Zitronensaft und Meersalz sorgen für einen tollen Kontrast zur süßen Füllung.

Glutenfreier Pieteig
(siehe Seite 129)
Tapiokastärke zum Bemehlen

Für die Füllung
275 g Honig
95 g Kokosblütenzucker
125 g Butter
120 g Sahne
3 Eier (M), leicht verquirlt
2 TL frisch gepresster Zitronensaft
1 TL reines Vanilleextrakt
¼ TL Salz
2 EL Maisstärke

Meersalzflocken zum Bestreuen
Puderzucker zum Bestäuben
(optional)

Für 8 Personen

Den Teig nach Rezept zubereiten und kaltstellen.

Den Teig rundherum mit Tapiokastärke bestäuben, zwischen zwei Backpapierstücken auf eine saubere Arbeitsfläche legen und etwa 3 mm dünn zu einem Kreis von etwa 30 cm ausrollen. Falls der Teig einreißt, die Kanten einfach überlappend aufeinanderlegen und festdrücken. Das obere Backpapier vorsichtig abziehen und den Teig mithilfe des zweiten Backpapiers in eine Pieform (Ø 23 cm) stürzen. Das Backpapier vorsichtig abziehen, den Teig in der Form festdrücken und die Ränder hochziehen. Die überstehenden Ränder mit einer Küchenschere oder einem kleinen Messer zurückschneiden, dabei einen Überhang von etwa 2,5 cm lassen. Den Überhang einmal nach außen unten einschlagen, sodass ein dicker Rand auf dem Rand der Form aufliegt, und diesen dann entweder nach und nach zwischen Zeigefinger und Daumen zusammendrücken – so entsteht ein Wellenrand – oder mit einer Gabel ein Streifenmuster in den Rand drücken. Den Pieboden 30 Minuten in den Kühlschrank oder 15 Minuten ins Gefrierfach geben.

Den Backofen auf 180 °C vorheizen. Den Pieboden aus dem Kühlschrank oder dem Gefrierfach nehmen und mit einer Gabel mehrmals einstechen. Dann die Pieform mit Backpapier auslegen, mit getrockneten Hülsenfrüchten oder Bohnen füllen und den Pieboden etwa 15 Minuten blindbacken. Den Pieboden aus dem Ofen nehmen, die Hülsenfrüchte oder Bohnen sowie das Backpapier herausnehmen und den Pieboden weitere 10–13 Minuten backen, bis er leicht goldbraun ist. Den fertigen Pieboden in der Form auf einem Kuchengitter abkühlen lassen. Den Backofen nicht ausschalten.

In der Zwischenzeit für die Füllung Honig, Kokosblütenzucker, Butter, Sahne, Eier, Zitronensaft, Vanilleextrakt und Salz in eine Schüssel geben und mit einem Schneebesen gut verrühren. Die Stärke in die Schüssel sieben und unterrühren, bis alles gut vermischt ist. Die Füllung auf dem Pieboden verteilen.

Den Pie 45–50 Minuten backen, bis die Füllung goldbraun ist und leicht aufgeht. Falls der Teig zu schnell Farbe annimmt, kann man den Teigrand mit Alufolie abdecken. Den Pie in der Form auf einem Kuchengitter komplett auskühlen lassen und dann bei Zimmertemperatur oder gekühlt servieren. Den Pie vor dem Servieren mit Meersalzflocken bestreuen und nach Wunsch mithilfe einer Kompassschablone (siehe Bild) mit Puderzucker bestäuben.

KAPITEL 3

Kuchen, Torten & Cupcakes

Aladdins „Schnell weg!"-Küchlein

Prinzessin Jasmins Aladdin muss sich auf der Straße durchschlagen, wo er Essen stiehlt, trickst und sich immer wieder über das Gesetz hinwegsetzt – und dann heißt es jedes Mal: „Schnell weg!" Genau davon sind diese leckeren, glutenfreien Küchlein inspiriert. Durch das Mandelmehl und die Pistazien werden sie wunderbar saftig und weich, während das Rosenwasser für ein mildes Aroma sorgt. Und den letzten Schliff bekommen die Küchlein durch kandierte Rosenblätter!

Backspray
50 g Mandelmehl
60 g Pistazien, geröstet
90 g Zucker
40 g weißes Reismehl
1 TL Backpulver
¼ TL Salz
3 Eiweiß (M)
125 g Butter, zerlassen und abgekühlt
1 TL Rosenwasser
Puderzucker zum Bestäuben
kandierte Rosenblütenblätter zum Dekorieren (optional; siehe Anmerkung rechts unten)

Ergibt 24 Küchlein

Rezeptvariante

Keine Rosenblütenblätter zur Hand? Stattdessen kann man die Küchlein auch mit frischen Kirschen oder Himbeeren servieren!

Den Backofen auf 180 °C vorheizen und eine 24er-Mini-Muffin-Form mit Backspray einsprühen.

Mandelmehl, Pistazien, Zucker, Reismehl, Backpulver und Salz in die Küchenmaschine geben und etwa 2 Minuten sehr fein mahlen. Die Mischung in eine Schüssel geben.

Die Eiweiße zur Mandelmehl-Pistazien-Mischung geben und mit einem Schneebesen gut verrühren. Dann nach und nach die Butter dazugeben und gut unterrühren. Schließlich das Rosenwasser dazugeben und unterrühren, bis alles gut vermischt ist.

Die Masse gleichmäßig auf die Vertiefungen der vorbereiteten Form verteilen, sodass diese fast ganz gefüllt sind, und dann etwa 10 Minuten ruhen lassen. Die Küchlein anschließend etwa 15 Minuten backen, bis sie an den Rändern leicht goldbraun sind. Die Küchlein etwa 5 Minuten in der Form auf einem Kuchengitter abkühlen lassen, dann auf das Kuchengitter stürzen und komplett auskühlen lassen.

Die Küchlein mit der Unterseite nach oben auf eine große Servierplatte geben und mit Puderzucker bestäuben. Schließlich nach Wunsch vor dem Servieren auf jedes Küchlein noch ein kandiertes Rosenblütenblatt geben.

Kandierte Rosenblütenblätter

Für die kandierten Rosenblütenblätter ein Eiweiß mit dem Handrührgerät aufschlagen, bis es schaumig, aber noch nicht steif ist. Die Rosenblütenblätter – diese müssen essbar und pestizidfrei sein! – leicht mit dem verquirlten Eiweiß bepinseln und dann mit Zucker bestreuen. Die Rosenblütenblätter auf einem Kuchengitter trocknen lassen. Am besten schmecken sie, wenn man sie direkt am Tag der Zubereitung isst!

Schneewittchens Tiere-des-Waldes-Torte

Nachdem Schneewittchen von ihrer eifersüchtigen Stiefmutter in den Wald verbannt wurde, findet sie bei den sieben Zwergen Unterschlupf und freundet sich mit den Tieren des Waldes an, für die es jeden Tag singt. Diese Torte aus Gewürzkuchenböden und Honig-Buttercreme wird durch das Apfelmus wunderbar saftig. Dekorieren kann man sie entweder nur mit Rosmarinzweigen oder zusätzlich mit Vanillekeksen in Tierform (siehe Seite 131). Aber so oder so: Nach einem Bissen würde man am liebsten wie Schneewittchen singend durch den Wald tanzen!

185 g Butter, plus etwas mehr für die Form

250 g Kuchenmehl, plus etwas mehr für die Form

1 ½ TL Natron

1 TL Backpulver

¾ TL gemahlener Zimt

¾ TL gemahlener Kardamom

¼ TL Salz

280 g Rohrohrzucker

3 Eier (M)

1 TL reines Vanilleextrakt

280 g Apfel- oder Birnenmus oder eine Mischung (Zimmertemperatur)

160 ml Milch (Zimmertemperatur)

Vanillekekse (siehe Seite 131)

Zuckerguss (siehe Seite 130)

Luftige Honig-Buttercreme (siehe Seite 130)

Rosmarinzweige zum Dekorieren (optional)

Für 10–12 Personen

Den Backofen auf 180 °C vorheizen. Zwei kleine runde Kuchenformen (Ø 20 cm) einfetten, die Böden mit Backpapier auslegen, dieses ebenfalls einfetten und die Formen schließlich mit Mehl ausstäuben, dabei überschüssiges Mehl sanft aus der Form klopfen.

Mehl, Natron, Backpulver, Zimt, Kardamom und Salz in eine mittelgroße Schüssel geben und gut vermischen. Butter und Zucker in eine große Schüssel geben und mit dem Handrührgerät auf mittlerer Stufe etwa 3 Minuten schaumig rühren. Nach und nach die Eier dazugeben und jeweils gut unterrühren. Schließlich das Vanilleextrakt dazugeben und unterrühren. Das Handrührgerät ausschalten und die Mischung mit einem Spatel von den Seitenwänden der Schüssel nach unten schieben.

Apfelmus und Milch in einen Messbecher geben und gut verrühren. Etwa ein Drittel der Mehl-Gewürz-Mischung zur Butter-Zucker-Mischung geben und auf niedrigster Stufe unterrühren, dann die Hälfte der Apfelmus-Milch-Mischung dazugeben und unterrühren, bis alles gut vermischt ist. Anschließend nacheinander die Hälfte der restlichen Mehl-Gewürz-Mischung, die restliche Apfelmus-Milch-Mischung und schließlich die restliche Mehl-Gewürz-Mischung dazugeben und jeweils gut unterrühren. Das Handrührgerät ausschalten, die Masse mit einem Spatel von den Seitenwänden der Schüssel nach unten schieben und dann mit dem Spatel noch einmal gut durchrühren.

Die Masse gleichmäßig auf die vorbereiteten Backformen verteilen und glatt streichen. Die Kuchen 40–45 Minuten backen, bis sie goldbraun sind. Bleibt an einem hineingesteckten Holzstäbchen kein Teig mehr haften, sind sie fertig. Den Ofen nicht ausschalten, darin kann man gleich noch die Kekse backen. Die Kuchen etwa 15 Minuten in den Formen auf Kuchengittern abkühlen lassen, dann stürzen, das Backpapier vorsichtig abziehen, wenden und komplett auskühlen lassen.

Die Vanillekekse nach Rezept zubereiten und mithilfe verschiedener Tierausstecher möglichst viele Kekse ausstechen. Die Kekse wie angegeben backen und dann komplett auskühlen lassen. Den Zuckerguss nach Rezept zubereiten, nach Wunsch färben und die Kekse damit verzieren. Die Kekse etwa 20 Minuten stehen lassen, bis der Zuckerguss getrocknet ist. In der Zwischenzeit die Honig-Buttercreme nach Rezept zubereiten.

Fortsetzung auf Seite 76

Die Kuchen mit einem langen Brotmesser horizontal halbieren, sodass man vier Kuchenböden erhält. Einen der unteren Kuchenböden mit der Schnittfläche nach oben auf eine Kuchenplatte geben. Etwas von der Buttercreme mit einer Palette darauf verteilen, sodass eine etwa 6 mm dicke, gleichmäßige Schicht entsteht. Einen oberen Kuchenboden mit der Schnittfläche nach unten daraufgeben, sodass die Ränder genau aufeinanderliegen, und ebenfalls eine Schicht Buttercreme darauf verteilen. Den zweiten unteren Kuchenboden mit der Schnittfläche nach oben daraufgeben, eine Schicht Buttercreme darauf verteilen und schließlich den zweiten oberen Kuchenboden mit der Schnittfläche nach unten daraufgeben und eine dicke Schicht Buttercreme darauf verteilen. Die restliche Buttercreme dünn auf den Seiten des Kuchens verteilen, sodass die Kuchenböden dazwischen noch leicht zu sehen sind. Die Torte nach Wunsch mit Rosmarinzweigen und Tierkeksen dekorieren, dabei die Zweige in den Kuchen stecken, sodass sie aussehen wie kleine Bäume. Übrige Tortenstücke halten sich in einem luftdicht verschließbaren Behältnis bis zu 7 Tage.

Kakamora-Kokos-Mango-Kuchen

Durch den Fluch des verschwundenen Herzens der Göttin Te Fiti wird auf der Insel Motu Nui langsam das Essen knapp. So macht sich die mutige Vaiana auf, um das Herz zu finden und ihre Heimat zu retten. Kokosraspel, frische Mango und säuerliche Limette lassen diesen Kuchen nach Sonne, tropischem Strand und kühlenden Meeresbrisen auf Motu Nui schmecken. Der Kuchen wird mit marinierten Mangowürfeln serviert, und nach Wunsch kann man außerdem noch einen großzügigen Löffel Schlagsahne (siehe Seite 131) dazugeben.

Für den Kuchen

Backspray

235 g Mehl, plus etwas mehr für die Form

1 ½ TL Backpulver

½ TL Salz

125 g weiche Butter

185 g Zucker

2 Eier (M)

1 ½ TL reines Kokosextrakt

½ TL reines Vanilleextrakt

125 ml Milch

120 g gesüßte Kokosraspel, leicht geröstet

Für die marinierten Mangowürfel

2 große reife Mangos

2 TL frisch gepresster Limettensaft

1–2 EL Zucker

1 EL gesüßte Kokosraspel, leicht geröstet, zum Servieren

Für 8 Personen

Ein Ofengitter im unteren Drittel in den Backofen schieben und diesen auf 165 °C vorheizen. Eine Kastenform (23 x 13 x 7,5 cm) mit Backspray einsprühen und mit Mehl ausstäuben, dabei überschüssiges Mehl sanft aus der Form klopfen.

Mehl, Backpulver und Salz in eine mittelgroße Schüssel sieben. Butter und Zucker in eine große Schüssel geben und mit dem Handrührgerät auf mittlerer Stufe etwa 3 Minuten schaumig rühren. Nach und nach die Eier dazugeben und jeweils gut unterrühren. Schließlich Kokos- und Vanilleextrakt dazugeben und unterrühren. Das Handrührgerät kurz ausschalten und die Mischung mit einem Spatel von den Seitenwänden der Schüssel nach unten schieben. Die Hälfte der Mehlmischung dazugeben und auf niedrigster Stufe unterrühren. Dann nacheinander die Hälfte der Milch, die restliche Mehlmischung und schließlich die restliche Milch dazugeben und jeweils gut unterrühren. Das Handrührgerät ausschalten und die Kokosraspel mit einem Löffel unterrühren.

Die Masse in die vorbereitete Form geben und glatt streichen. Den Kuchen 55–60 Minuten backen, bis er goldbraun ist und sich fest anfühlt, wenn man mit einem Finger daraufdrückt. Den Kuchen etwa 20 Minuten in der Form auf einem Kuchengitter abkühlen lassen, dann stürzen, wenden und komplett auskühlen lassen.

In der Zwischenzeit die marinierten Mangowürfel zubereiten. Dafür die Mango auf ein großes Schneidebrett geben und das Fruchtfleisch mit einem großen, scharfen Messer an einer Seite so nahe wie möglich entlang des flachen, langen Kerns abschneiden. Die Mango um 180 Grad drehen und das Fruchtfleisch auf der anderen Seite ebenso vom Kern schneiden. Mit einem kleinen, scharfen Messer die Schale vorsichtig wegschneiden und das Fruchtfleisch schließlich in etwa 6 mm große Würfel schneiden. Die Mangowürfel, den Limettensaft und den Zucker in eine Schüssel geben und alles gut verrühren.

Zum Servieren den Kuchen in Stücke schneiden und mit je einem Löffel marinierten Mangowürfeln sowie Kokosraspeln bestreut servieren.

Arielles Meerjungfrauen-Cupcakes

Diese Cupcakes sind inspiriert von Arielles bunter Unterwasserwelt: Pinke, violette und helle Kuchenmasse werden in den Formen vermischt, sodass ein tolles Muster entsteht, und die blaue und die türkise Buttercreme werden in einen Spritzbeutel gefüllt und dann spiralförmig aufgespritzt – das erinnert an die Wellen des Meeres. Keine Meerjungfrauen-Streusel gefunden? Auch sternförmige oder Glitzerstreusel sind perfekt für moderne Meerjungfrauen!

315 g Mehl

2 TL Backpulver

½ TL Natron

½ TL Salz

155 g weiche Butter

250 g Zucker

2 Eier (M)

2 TL reines Vanilleextrakt

330 ml Buttermilch

rote, blaue und grüne Gel-Lebensmittelfarbe

Vanille-Buttercreme (siehe Seite 130)

Meerjungfrauen-Streusel zum Verzieren

Ergibt 18 Cupcakes

Den Backofen auf 190 °C vorheizen und 18 Muffinförmchen mit Papierförmchen auslegen.

Mehl, Backpulver, Natron und Salz in eine mittelgroße Schüssel geben und gut vermischen. Butter und Zucker in eine große Schüssel geben und mit dem Handrührgerät auf mittlerer Stufe etwa 3 Minuten schaumig rühren. Nach und nach die Eier dazugeben und jeweils gut unterrühren. Schließlich das Vanilleextrakt dazugeben und unterrühren. Das Handrührgerät kurz ausschalten und die Masse mit einem Spatel von den Seitenwänden der Schüssel nach unten schieben. Die Hälfte der Mehlmischung dazugeben und auf niedrigster Stufe unterrühren. Dann nacheinander die Buttermilch und schließlich die restliche Mehlmischung dazugeben und jeweils gut unterrühren. Das Handrührgerät ausschalten, die Masse mit einem Spatel von den Seitenwänden der Schüssel nach unten schieben und dann mit dem Spatel noch einmal gut durchrühren. Die Masse sollte jetzt sehr dick sein.

Die Masse auf drei Schüsseln verteilen. In eine der Schüsseln 4 Tropfen rote Lebensmittelfarbe geben und mit einem Spatel gut verrühren. In eine weitere der Schüsseln 4 Tropfen rote und 4 Tropfen blaue Lebensmittelfarbe – das ergibt Violett! – geben und ebenfalls mit dem Spatel gut verrühren.

Zuerst den hellen, ungefärbten Teig, anschließend den pinken und dann den violetten Teig gleichmäßig auf die vorbereiteten Muffinförmchen verteilen. Mit einem Holzstäbchen, einem Zahnstocher oder einem Essstäbchen mehrere Achten durch die verschiedenfarbigen Massen in den Förmchen ziehen, sodass ein Spiralmuster entsteht, dabei aber nicht zu lange rühren, damit die Marmorierung noch gut zu sehen ist.

Die Muffins etwa 17 Minuten backen, bis sie leicht goldbraun sind. Bleibt an einem in die Mitte eines Muffins gesteckten Holzstäbchen kein Teig mehr haften, sind sie fertig. Die Muffins etwa 10 Minuten in den Förmchen auf einem Kuchengitter abkühlen lassen, dann vorsichtig aus den Förmchen nehmen und auf einem Kuchengitter komplett auskühlen lassen.

Zum Dekorieren die Buttercreme nach Rezept zubereiten und dann gleichmäßig auf zwei kleine Schüsseln verteilen. In eine der Schüsseln 2 Tropfen blaue Lebensmittelfarbe geben und mit einem Spatel gut verrühren. In die zweite Schüssel 2 Tropfen blaue und 1 Tropfen grüne Lebensmittelfarbe – das ergibt Türkis! – geben und ebenfalls mit dem Spatel gut verrühren.

Die türkise Buttercreme in eine Hälfte eines Spritzbeutels mit Sterntülle füllen, die blaue in die andere. Den Spritzbeutel verdrehen, sodass er gut verschlossen ist, die Buttercreme spiralförmig auf die Muffins spritzen und schließlich mit Streuseln bestreuen. Die Cupcakes sofort servieren oder abgedeckt bis zu 1 Tag im Kühlschrank aufbewahren.

Tianas Südstaaten-Doberge-Kuchen

Dieser aufwendige Schichtkuchen ist genau das Richtige für eine Königin – oder eine Prinzessin! Der Doberge-Kuchen, eine Abwandlung der ungarischen Dobostorte, ist eine Spezialität aus New Orleans. Er besteht aus mehreren Schichten Vanillekuchen und leckerer Schokoladencreme und wird zum Schluss noch mit einer dünnen Schicht Schokoladen-buttercreme und einer glänzenden Schokoladenglasur überzogen – ein echter Traum!

Für die Schokoladencreme

90 g Zucker

3 EL ungesüßtes Kakaopulver

2 ½ EL Maisstärke

1 Prise Salz

60 g Sahne

560 ml Milch

155 g Zartbitter- oder Bitter-schokolade, fein gehackt

1 TL reines Vanilleextrakt

Für die Kuchen

Backspray

435 g Kuchenmehl

1 ½ EL Backpulver

½ TL Natron

¾ TL Salz

310 g weiche Butter

410 g Zucker

5 Eier (M)

2 Eigelb (M)

1 EL reines Vanilleextrakt

125 ml Buttermilch

250 g saure Sahne

(Fortsetzung auf Seite 82)

Für die Schokoladencreme Zucker, Kakao, Stärke und Salz in einen Topf sieben. Die Sahne und 60 ml Milch dazugeben, alles mit einem Schneebesen glatt rühren und schließlich unter ständigem Rühren die restliche Milch dazugeben. Den Topf auf den Herd stellen, die Mischung bei mittlerer Temperatur unter ständigem Rühren zum Köcheln bringen und dann unter Rühren etwa 6 Minuten sanft köcheln lassen, dabei wenn nötig die Hitze etwas reduzieren, bis die Mischung leicht andickt und sich zur Rose abziehen lässt. Die Mischung von der Hitze nehmen, die Schokolade dazugeben und unterrühren, bis sie geschmolzen ist und eine glatte Creme entsteht. Schließlich das Vanilleextrakt unterrühren. Die Creme in eine Schüssel geben, mit Frischhaltefolie abdecken, sodass diese direkt auf der Oberfläche aufliegt, auf Zimmertemperatur abkühlen lassen und dann mindestens 2 Stunden bis zu 2 Tage im Kühlschrank durchkühlen lassen.

Für die Kuchen den Backofen auf 180 °C vorheizen. Drei runde Kuchenformen (Ø 23 cm) mit Backspray einsprühen, die Böden mit Backpapier auslegen und dieses ebenfalls mit Backspray einsprühen.

Mehl, Backpulver, Natron und Salz in eine mittelgroße Schüssel sieben. Butter und Zucker in eine große Schüssel geben und mit dem Handrührgerät auf mittlerer Stufe etwa 3 Minuten schaumig rühren. Nach und nach die Eier und die Eigelbe dazugeben und jeweils gut unterrühren. Das Vanilleextrakt dazugeben und ebenfalls gut unterrüh-ren. Das Handrührgerät kurz ausschalten und die Mischung mit einem Spatel von den Seitenwänden der Schüssel nach unten schieben. Etwa ein Drittel der Mehlmischung dazugeben und auf niedrigster Stufe unterrühren. Dann nacheinander die Buttermilch, die Hälfte der restlichen Mehlmischung, die saure Sahne und schließlich die restliche Mehlmischung dazugeben und jeweils gut unterrühren. Das Handrührgerät ausschalten, die Masse mit einem Spatel von den Seitenwänden der Schüssel nach unten schieben und dann auf niedrigster Stufe weitere 10 Sekunden gut durchrühren.

Die Masse gleichmäßig auf die vorbereiteten Kuchenformen verteilen und glatt streichen (dafür eignet sich eine dünne Palette am besten). Die Kuchen 24–28 Minuten backen, bis sie an den Rändern leicht goldbraun sind. Bleibt an einem hineingesteckten Holzstäb-chen kein Teig mehr haften, sind sie fertig. Die Kuchen etwa 15 Minuten in den Formen auf Kuchengitter abkühlen lassen, dann stürzen, das Backpapier vorsichtig abziehen, wenden und komplett auskühlen lassen.

Fortsetzung auf Seite 82

Tianas Südstaaten-Doberge-Kuchen Fortsetzung von Seite 81

Für die Schokoladenbuttercreme

125 g weiche Butter

190 g Puderzucker

1 TL reines Vanilleextrakt

125 g Zartbitter- oder Bitterschokolade, zerlassen und abgekühlt

2 TL Milch, plus etwas mehr nach Bedarf

Für die Schokoladenglasur

160 g Sahne

315 g Zartbitter- oder Bitterschokolade, gehackt

2 EL heller Maissirup

1 TL reines Vanilleextrakt

Für 8 Personen

Die Kuchen mit einem langen Brotmesser horizontal halbieren, sodass man insgesamt sechs Kuchenböden erhält. Einen Kartonkreis mit 23 cm Durchmesser oder den Boden einer Springform (Ø 23 cm) auf ein Kuchengitter geben und einen Kuchenboden mit der Schnittfläche nach oben daraufgeben. Etwa 125 g Schokoladencreme daraufgeben und mit einer Palette gleichmäßig bis zu den Rändern verteilen. Einen weiteren Kuchenboden mit der Schnittfläche nach oben daraufgeben und wieder 125 g Schokoladencreme darauf verteilen. Mit den restlichen vier Kuchenböden und der restlichen Schokoladencreme wiederholen und den Kuchen anschließend in den Kühlschrank geben.

Für die Schokoladenbuttercreme die Butter in eine Schüssel geben und mit dem Handrührgerät auf mittlerer Stufe 1–2 Minuten schaumig rühren. Den Puderzucker dazugeben und weitere 2 Minuten rühren, bis eine helle, luftige Masse entsteht. Das Vanilleextrakt dazugeben und gut unterrühren. Die Schokolade dazugeben, auf niedrigster Stufe unterrühren, bis alles gut vermischt ist, und die Mischung anschließend auf mittlerer Stufe etwa 2 Minuten luftig aufschlagen. Schließlich die Milch dazugeben und gut unterrühren. Die Buttercreme sollte jetzt sehr glatt und streichfähig sein. Wenn sie zu fest ist, einfach teelöffelweise noch mehr Milch unterrühren, bis die gewünschte Konsistenz erreicht ist.

Den Kuchen aus dem Kühlschrank nehmen und mit einer Palette rundherum mit einer dünnen Schicht Schokoladenbuttercreme überziehen. Den Kuchen anschließend mindestens 30 Minuten oder noch besser über Nacht in dem Kühlschrank geben, bis die Buttercreme fest geworden ist.

Für die Schokoladenglasur die Sahne in einen Topf geben und bei geringer Temperatur erhitzen. Schokolade und Maissirup dazugeben und mit einem Schneebesen unterrühren, bis die Schokolade geschmolzen ist und eine glatte Mischung entsteht. Die Glasur auf Zimmertemperatur abkühlen lassen und schließlich das Vanilleextrakt unterrühren.

Ein Kuchengitter auf ein Backblech stellen und den Kuchen daraufgeben. Den Kuchen mit einer dünnen Palette rundherum mit der Schokoladenglasur überziehen – dabei ist es wichtig, zügig zu arbeiten, damit die Glasur nicht bereits fest wird. Den Kuchen anschließend nicht abgedeckt mindestens 30 Minuten bis zu 2 Tage im Kühlschrank gut durchkühlen lassen. Wenn der Kuchen länger als 1 Stunde im Kühlschrank war, sollte man ihn mindestens 1 Stunde vor dem Servieren herausnehmen, damit er Zimmertemperatur annehmen kann.

Belles Letztes-Rosenblatt-Muffins

Es ist ein Rennen gegen die Zeit auf der Suche nach der wahren Liebe, denn wenn der Prinz sie nicht findet, bevor das letzte Blütenblatt von der verzauberten Rose fällt, muss er für immer ein schreckliches Biest bleiben. Diese Muffins sind durch den Zitronenabrieb im Teig und den Zitronenguss wunderbar zitronig-frisch – und zum krönenden Abschluss wird jeder Muffin noch mit einer wunderschönen Erdbeerrose dekoriert!

Für die Muffins

200 g Mehl

½ TL Backpulver

½ TL Natron

¼ TL Salz

60 g weiche Butter

185 g Zucker

2 TL Zitronenabrieb

1 Ei (M)

190 g saure Sahne

Für den Zitronenguss

125 g Puderzucker, gesiebt

2 EL frisch gepresster Zitronensaft, plus etwas mehr nach Bedarf

12 frische Erdbeeren zum Dekorieren

Ergibt 12 Muffins

Rezeptvariante

Besonders hübsch sieht es aus, wenn man die Muffins auf einer Etagere serviert und sie mit frischen Minzblättern bestreut – perfekt für eine Party!

Den Backofen auf 165 °C vorheizen und eine 12er-Muffinform mit Papierförmchen auslegen.

Für die Muffins Mehl, Backpulver, Natron und Salz in eine mittelgroße Schüssel geben und gut vermischen. Butter, Zucker und Zitronenabrieb in eine große Schüssel geben und mit dem Handrührgerät auf mittlerer Stufe etwa 3 Minuten schaumig rühren. Das Ei dazugeben und gut unterrühren. Das Handrührgerät kurz ausschalten und die Mischung mit einem Spatel von den Seitenwänden der Schüssel nach unten schieben. Die Hälfte der Mehlmischung dazugeben und auf niedrigster Stufe unterrühren. Dann nacheinander die saure Sahne und schließlich die restliche Mehlmischung dazugeben und jeweils gut unterrühren. Das Handrührgerät ausschalten, die Masse mit einem Spatel von den Seitenwänden der Schüssel nach unten schieben und dann mit dem Spatel noch einmal gut durchrühren.

Die Masse gleichmäßig auf die Vertiefungen der Muffinform verteilen und diese dabei zu etwa drei Vierteln füllen. Die Muffins 18–20 Minuten backen, bis sie goldbraun sind. Bleibt an einem in die Mitte eines Muffins gesteckten Holzstäbchen kein Teig mehr haften, sind sie fertig. Die Muffins 10 Minuten in der Form auf einem Kuchengitter abkühlen lassen, dann vorsichtig aus der Form nehmen und auf einem Kuchengitter komplett auskühlen lassen.

Für den Zitronenguss Puderzucker und Zitronensaft in eine Schüssel geben und mit einem Schneebesen glatt rühren, dabei wenn nötig noch etwas mehr Zitronensaft dazugeben, bis ein dicker Guss entsteht. Je einen Löffel Zitronenguss auf die Muffins geben und mit dem Löffelrücken bis zu den Rändern verteilen. Die Muffins 1–2 Minuten stehen lassen, bis der Zitronenguss getrocknet ist.

Für die Erdbeerrosen die Erdbeeren putzen und die Stielansätze entfernen. Eine Erdbeere mit dem Stielende nach unten auf ein Schneidebrett geben, mit einem kleinen, scharfen Messer einen kleinen Schnitt im unteren Drittel der Erdbeere schräg in Richtung Stielansatz machen und das so entstehende „Rosenblatt" leicht nach unten drücken. Diesen Vorgang zuerst rundherum wiederholen und dann zwei weitere Reihen „Rosenblätter" oberhalb der ersten Reihe einschneiden. Schließlich die Spitze der Erdbeere halbieren und ebenfalls leicht auseinanderdrücken. Mit den restlichen Erdbeeren wiederholen, auf jeden Muffin eine Erdbeerrose setzen und dann sofort servieren.

Mulans Schneelawinen-Eistorte

Während eines zunächst aussichtslos wirkenden Gefechts gegen die Hunnen hat Mulan plötzlich die rettende Idee: Sie feuert eine Kanone auf einen nahe gelegenen Berggipfel und löst damit eine Schneelawine aus, die die Hunnen unter sich begräbt, sodass sich sie und ihre Männer sich retten können. Diese dreistöckige Eistorte stellt den schneebedeckten Berg dar – und eine Lawine aus Schlagsahne und Marshmallows sorgt für den letzten Schliff! Die Kuchen kann man übrigens bis zu zwei Tage im Vorhinein backen und schichten.

Für die Kuchen
Backspray
105 g ungesüßtes Kakaopulver
390 g Mehl
2 TL Natron
½ TL Salz
210 g weiche Butter
500 g Zucker
4 Eier (M)
2 TL reines Vanilleextrakt
500 ml Buttermilch

3 l Eiscreme nach Wunsch, z. B. Schokoladen-, Chocolate-Chip- oder Cookie-Dough-Eis

Für die Schlagsahne
720 g Sahne
60 g Zucker
2 TL reines Vanilleextrakt

etwa 50 g Mini-Marshmallows

Für 20 Personen

Die Kuchen mindestens einen Tag vor dem Servieren backen. Dafür den Backofen auf 180 °C vorheizen und zwei große runde Kuchenformen (Ø 23 cm) sowie zwei kleine runde Kuchenformen (Ø 15 cm) mit Backspray einsprühen und die Böden mit Backpapier auslegen. Den Kakao in eine hitzebeständige Schüssel sieben, nach und nach 375 ml kochendes Wasser dazugeben und mit einem Schneebesen kräftig verrühren, bis sich der Kakao aufgelöst hat. Die Mischung beiseitestellen und abkühlen lassen.

Mehl, Natron und Salz in eine mittelgroße Schüssel sieben. Butter und Zucker in eine große Schüssel geben und mit dem Handrührgerät auf mittlerer Stufe etwa 3 Minuten schaumig rühren. Nach und nach die Eier dazugeben und jeweils gut unterrühren. Schließlich die abgekühlte Kakaomischung und das Vanilleextrakt dazugeben und ebenfalls gut unterrühren. Das Handrührgerät kurz ausschalten und die Mischung mit einem Spatel von den Seitenwänden der Schüssel nach unten schieben. Etwa ein Drittel der Mehlmischung dazugeben und auf niedrigster Stufe unterrühren, dann die Hälfte der Buttermilch dazugeben und unterrühren. Das Handrührgerät kurz ausschalten und die Masse mit einem Spatel von den Seitenwänden der Schüssel nach unten schieben. Anschließend nacheinander die Hälfte der restlichen Mehlmischung, die restliche Buttermilch und schließlich die restliche Mehlmischung unterrühren, bis eine glatte Masse entsteht, dabei das Handrührgerät immer wieder ausschalten und die Masse von den Seitenwänden der Schüssel nach unten schieben.

Die Masse auf die vorbereiteten Kuchenformen verteilen und glatt streichen, dabei die Kuchenformen alle gleich hoch füllen – das heißt, dass man in die beiden größeren Kuchenformen etwas mehr Masse geben muss als in die kleineren. Die Kuchen 33–36 Minuten backen, bis sie sich von den Seitenwänden der Formen lösen. Bleibt an einem hineingesteckten Holzstäbchen kein Teig mehr haften, sind sie fertig. Die Kuchen etwa 15 Minuten in den Formen auf Kuchengittern abkühlen lassen, dann stürzen, das Backpapier vorsichtig abziehen, wenden und komplett auskühlen lassen.

Fortsetzung auf Seite 89

Mulans Schneelawinen-Eistorte Fortsetzung von Seite 86

Die Eiscreme aus dem Gefrierfach nehmen und etwa 15 Minuten bei Zimmertemperatur stehen lassen, bis sie weich wird. In der Zwischenzeit von den abgekühlten Kuchen mit einem Brotmesser oben jeweils eine dünne Schicht abschneiden, sodass eine gerade Oberfläche entsteht. Eine große Kuchenform (Ø 23 cm) und eine kleine Kuchenform (Ø 15 cm) mit Frischhaltefolie auslegen, dabei darauf achten, dass rundherum ein Überhang von mindestens 10 cm bleibt. Einen großen Kuchen mit der Schnittfläche nach oben in die große Form und einen kleinen Kuchen mit der Schnittfläche nach oben in die kleine Form geben. Etwa 2 l Eiscreme auf den großen Kuchenboden und etwa 1 l Eiscreme auf den kleinen Kuchenboden geben und jeweils gleichmäßig verstreichen. Die Kuchenformen sollten jetzt fast ganz gefüllt sein. Den zweiten großen Kuchen mit der Schnittfläche nach unten auf die Eisschicht in der großen Form und den zweiten kleinen Kuchen mit der Schnittfläche nach unten auf die Eisschicht in der kleinen Form geben und jeweils vorsichtig in das Eis drücken.

Die Kuchen mithilfe der überhängenden Frischhaltefolie abdecken und mindestens 4 Stunden oder bis zu 2 Tage ins Gefrierfach geben.

Kurz vor dem Zusammensetzen der Eistorte die Schlagsahne zubereiten. Dafür Sahne, Zucker und Vanilleextrakt in eine Schüssel geben und mit dem Handrührgerät auf mittlerer Stufe steif schlagen, dabei aber nicht zu lange rühren, damit die Sahne nicht zu Butter wird.

Die Kuchen aus dem Gefrierfach nehmen. Den großen Kuchen mithilfe der Frischhaltefolie aus der Form heben und dann die Frischhaltefolie vorsichtig entfernen. Den Kuchen auf eine große Servierplatte geben und rundherum mit einer gleichmäßigen Schicht Schlagsahne überziehen.

Den kleinen Kuchen ebenfalls aus der Form heben und dann die Frischhaltefolie vorsichtig entfernen. Ein oben etwa 10 cm und unten etwa 7,5 cm breites Kuchenstück aus dem kleinen Kuchen schneiden und auf einen Teller geben. Anschließend den kleinen Kuchen versetzt auf den großen Kuchen geben, sodass die beiden Kuchen an der hinteren Kante genau aufeinandertreffen und die Lücke, die durch das herausgeschnittene Kuchenstück entstanden ist, zur Mitte des großen Kuchens zeigt. Den kleinen Kuchen ebenfalls mit Schlagsahne überziehen. Das beiseitegegebene Kuchenstück mit der kurzen Seite nach oben ebenfalls zur hinteren Kante versetzt auf den kleinen Kuchen setzen, sodass es aussieht wie ein Berggipfel, und dann mit Schlagsahne überziehen.

Die restliche Schlagsahne in eine Spritztülle mit großer runder Tülle füllen und rund um die unteren Ränder des großen und des kleinen Kuchens „Schneebälle" aufspritzen. Schließlich vom „Berggipfel" über die Lücke im kleineren Kuchen bis nach unten dicke Streifen Schlagsahne aufspritzen und die Marshmallows darauf verteilen – das ergibt die Schneelawine.

Die fertige Eistorte bis zum Servieren, aber maximal über Nacht, ins Gefrierfach geben. Die Torte etwa 15 Minuten vor dem Anschneiden aus dem Gefrierfach nehmen, dann in Stücke schneiden und sofort servieren.

Dornröschens Schwarzwälder Kirschtorte

Seit dem frühen 19. Jahrhundert ist die *Dornröschen*-Version der Gebrüder Grimm besonders beliebt. Diese Variante der klassischen Schwarzwälder Kirschtorte aus luftigen Biskuitböden, Schlagsahne und Kirschen erinnert an die deutsche Version dieses Märchens. Dekoriert wird sie mit einem Schokoladendickicht, das den Dornenwald darstellt, der das Schloss umgibt, nachdem Aurora durch den Fluch der bösen Fee Malefiz in einen langen, tiefen Schlaf gefallen ist.

Für die Kuchen

Butter für die Form

155 g Mehl, plus etwas mehr für die Form

65 g ungesüßtes Kakaopulver

¼ TL Salz

9 Eier (M; Zimmertemperatur), getrennt

435 g Zucker

1 TL reines Vanilleextrakt

½ TL Weinsteinbackpulver

Für die Füllung

500 g frische Kirschen, entkernt, oder 340 g gefrorene entkernte Kirschen, aufgetaut und Flüssigkeit aufbewahrt

2 EL Zucker

125 ml Wasser oder Kirschflüssigkeit plus Wasser, bis man 125 ml Flüssigkeit erhält

3 × Menge Schlagsahne (siehe Seite 131)

Für das Schokoladendickicht

125 g Zartbitterschokoladenchips oder gehackte Zartbitterschokolade

Für 16 Personen

Für die Kuchen den Backofen auf 165 °C vorheizen. Zwei runde Kuchenformen (Ø 23 cm) einfetten, die Böden mit Backpapier auslegen, dieses ebenfalls einfetten und die Formen schließlich mit Mehl ausstäuben, dabei überschüssiges Mehl sanft aus der Form klopfen.

Mehl, Kakao und Salz in eine mittelgroße Schüssel geben und gut vermischen. Die Eigelbe und 250 g Zucker in eine große Schüssel geben und mit dem Handrührgerät auf mittlerer Stufe etwa 3 Minuten schaumig rühren. Das Vanilleextrakt dazugeben und gut unterrühren. Das Handrührgerät ausschalten und die Rührbesen säubern.

Die Eiweiße und das Weinsteinbackpulver in eine große Schüssel geben und mit dem Handrührgerät auf mittlerer Stufe schaumig rühren. Die restlichen 185 g Zucker einrieseln lassen und weiterrühren, bis die Mischung glänzt und Spitzen zieht. Etwa ein Drittel des Eischnees zur Eigelb-Zucker-Mischung geben und mit einem Spatel vorsichtig unterheben. Dann nacheinander die Hälfte der Mehlmischung, die Hälfte des restlichen Eischnees, die restliche Mehlmischung und schließlich den restlichen Eischnee unterheben, bis eine glatte Masse entsteht und keine weißen Schlieren mehr zu sehen sind.

Den Teig gleichmäßig auf die vorbereiteten Kuchenformen verteilen und glatt streichen. Die Kuchen etwa 35 Minuten backen. Bleibt an einem hineingesteckten Holzstäbchen kein Teig mehr haften, sind sie fertig. Die Kuchen sofort mit einem scharfen, dünnen Messer vorsichtig von den Seiten der Form lösen und dann etwa 10 Minuten in den Formen abkühlen lassen. Schließlich stürzen, das Backpapier vorsichtig abziehen, wenden und dann komplett auskühlen lassen.

Für die Füllung Kirschen, Zucker und Wasser in einen Topf geben. Den Topf auf den Herd stellen und die Mischung bei mittlerer Temperatur unter Rühren zum Köcheln bringen, bis sich der Zucker aufgelöst hat. Einen Deckel auf den Topf geben und die Mischung etwa 10 Minuten sanft köcheln lassen. Den Topf von der Hitze nehmen, die Kirschen in ein feines Sieb geben und die Flüssigkeit in einer hitzebeständigen Schüssel auffangen.

Die Kuchen mit einem langen Brotmesser horizontal halbieren, sodass man insgesamt vier Kuchenböden erhält. Einen Kuchenboden mit der Schnittfläche nach oben auf eine Kuchenplatte geben. Die Schnittfläche mit reichlich Kirschflüssigkeit bepinseln und dann mit einer Palette etwa ein Viertel der Schlagsahne gleichmäßig darauf verteilen. Ein Drittel der Kirschen auf der Schlagsahne verteilen und diese jeweils leicht in die Schlagsahne drücken, sodass eine gerade Oberfläche entsteht. Mit zwei weiteren Kuchenböden wiederholen, dabei die Kuchenböden ebenfalls mit Kirschflüssigkeit bepinseln und jeweils ein Viertel der Schlagsahne und ein Drittel der Kirschen darauf verteilen. Den letzten Kuchenboden mit der Schnittfläche nach unten daraufgeben und diesen sowie die Seiten der Torte mit der restlichen Kirschflüssigkeit bepinseln. Schließlich die Torte rundherum mit der restlichen Schlagsahne überziehen.

Für das Schokoladendickicht mehrere Äste in verschiedenen Größen auf ein Blatt Papier zeichnen und ein Stück Frischhaltefolie oder Backpapier darauflegen. Die Schokoladenchips in eine kleine mikrowellengeeignete Schüssel geben und für 25 Sekunden in der Mikrowelle erhitzen. Die Schüssel herausnehmen, gut umrühren und die Schokolade dann in 15-Sekunden-Intervallen erhitzen, dabei immer wieder umrühren, bis sie komplett geschmolzen ist.

Die Schokolade kurz abkühlen lassen und dann in einen Spritzbeutel mit kleiner runder Tülle geben. Mithilfe der vorgezeichneten Umrisse mehrere dicke Äste auf die Frischhaltefolie bzw. das Backpapier spritzen, etwa 5 Minuten trocknen lassen und dann eine weitere Schicht Schokolade auf die Äste spritzen. Die Schokoladenäste etwa 10 Minuten im Kühlschrank abkühlen lassen und dann vorsichtig von der Frischhaltefolie bzw. vom Backpapier lösen. Die Schokoladenäste rundherum in die Torte stecken und diese dann sofort servieren. Übrige Tortenstücke halten sich in einem luftdicht verschließbaren Behältnis im Kühlschrank bis zu 5 Tage.

Motu-Nui-Lava-Küchlein

Nachdem ihr Herz gestohlen worden war, verwandelte sich die Göttin Te Fiti in das schrecken-erregende Vulkanmonster Te Kā. Obwohl Te Kā unglaublich angsteinflößend ist, bleibt Vaiana tapfer und beruhigt Te Kā schließlich mit einem Lied. So schafft sie es dann auch, dem Monster das Herz wieder einzusetzen, woraufhin es wieder zur guten Göttin Te Fiti wird. Diese extra-schokoladigen Lava-Küchlein, die den Namen der Heimatinsel Vaianas tragen, sind alles andere als furchteinflößend – im Gegenteil: Sie verzaubern jeden beim ersten Bissen!

60 g Butter, in kleine Stück-chen geschnitten, plus etwas mehr für die Förmchen

2 EL ungesüßtes Kakaopulver, gesiebt, plus etwas mehr für die Förmchen

250 g Zartbitterschokolade, fein gehackt

1 TL reines Vanilleextrakt

1 Prise Salz

4 Eigelb (M)

6 EL Zucker

3 Eiweiß (M)

Schlagsahne (siehe Seite 131) zum Servieren

Ergibt 6 Küchlein

Rezeptvariante

Für eine laktosefreie, natürlich süße Alternative zur Schlagsahne 220 g Kokoscreme über Nacht in den Kühlschrank geben. An nächsten Tag die ge-kühlte Kokoscreme, 1 TL Ahornsirup und ¼ TL reines Vanilleextrakt in eine Schüssel geben und mit dem Handrührgerät auf mittlerer Stufe etwa 3 Mi-nuten luftig aufschlagen.

Den Backofen auf 200 °C vorheizen. Sechs ofenfeste Förmchen (Ø 9 cm) einfetten und mit Kakao ausstäuben, dabei überschüssigen Kakao sanft aus den Förmchen klopfen. Die Förmchen auf ein Backblech stellen.

Schokolade und Butter in eine mikrowellengeeignete Schüssel geben und in 20-Sekun-den-Intervallen in der Mikrowelle erhitzen, dabei immer wieder umrühren, bis Schokola-de und Butter geschmolzen sind und eine glatte Mischung entsteht. Vanilleextrakt und Salz unterrühren und die Mischung anschließend leicht abkühlen lassen.

Die Eigelbe, 3 EL Zucker und den Kakao in eine Schüssel geben und mit dem Hand-rührgerät auf mittlerer Stufe etwa 1 Minute verrühren, bis eine dicke Mischung entsteht. Die Schokoladen-Butter-Mischung dazugeben und unterrühren, bis alles gut vermischt ist und eine sehr dicke Mischung entsteht.

Die Eiweiße in eine Schüssel geben und mit gesäuberten Rührbesen mit dem Hand-rührgerät auf mittlerer Stufe etwa 3 Minuten schaumig rühren. Den restlichen Zucker ein-rieseln lassen und auf höchster Stufe weiterrühren, bis die Mischung glänzt und Spitzen zieht. Ein Drittel des Eischnees zur Schokoladenmischung geben und gut unterrühren, dann den restlichen Eischnee unterheben, bis alles gut vermischt ist und keine weißen Schlieren mehr zu sehen sind. Die Masse gleichmäßig auf die vorbereiteten Förm-chen verteilen und glatt streichen.

Die Küchlein etwa 13 Minuten backen, bis sie leicht aufgehen und an der Oberfläche kleine Risse zu sehen sind. Die Küchlein aus dem Backofen nehmen, 1–2 Minuten abküh-len lassen und dann sofort in den Förmchen mit einem großzügigen Löffel Schlagsahne servieren. Alternativ die Küchlein mit einem kleinen Messer vorsichtig aus den Förmchen lösen und auf Teller stürzen – aber natürlich darf auch hier ein Löffel Schlagsahne nicht fehlen!

Apfel-der-bösen-Königin-Cupcakes

Selbst die böse Königin würde es nicht übers Herz bringen, diese leckeren Apfel-Cupcakes ins Dunkel des Waldes zu verbannen. Das Frischkäse-Frosting auf den Cupcakes wird in rotem Dekorzucker gewendet, und mit je einem frischen Minzzweig und einem Minzblatt werden sie so zu köstlichen rotbackigen „Äpfeln", in die man sofort hineinbeißen möchte! Statt des Frischkäse-Frostings kann man übrigens auch Vanille-Buttercreme (siehe Seite 130) verwenden und diese mit roter Lebensmittelfarbe färben, anstatt sie in Dekorzucker zu wenden.

120 g weiche Butter

500 g säuerliche Backäpfel, z. B. Gala oder Honeycrisp, geschält, Kerngehäuse entfernt und in etwa 1 cm große Stücke geschnitten

215 g Zucker

155 g Mehl

¾ TL Backpulver

½ TL Salz

¼ TL Natron

½ TL gemahlener Zimt

¼ TL gemahlenes Piment

1 Prise gemahlene Muskatnuss

2 Eier (M)

1 TL reines Vanilleextrakt

60 g saure Sahne

Frischkäse-Frosting (siehe Seite 130)

etwa 125 g roter Dekorzucker zum Dekorieren

12 kleine frische Minzblätter zum Dekorieren

12 frische Minzzweige, je etwa 1 cm lang, zum Dekorieren

Ergibt 12 Cupcakes

Den Backofen auf 180 °C vorheizen und eine 12er-Muffinform mit Papierförmchen auslegen.

2 EL Butter in einen Topf geben und bei mittlerer Temperatur zerlassen. Die Apfelstücke und 2 EL Zucker dazugeben und unter häufigem Umrühren etwa 5 Minuten köcheln lassen, bis die Apfelstücke weich sind. Die Mischung in eine Schüssel geben und komplett auskühlen lassen.

Mehl, Backpulver, Salz, Natron, Zimt, Piment und Muskat in eine mittelgroße Schüssel geben und gut vermischen. Die restliche Butter und den restlichen Zucker in eine große Schüssel geben und mit dem Handrührgerät auf mittlerer Stufe etwa 3 Minuten schaumig rühren. Nach und nach die Eier dazugeben und jeweils gut unterrühren. Schließlich das Vanilleextrakt dazugeben und unterrühren. Das Handrührgerät kurz ausschalten und die Mischung mit einem Spatel von den Seitenwänden der Schüssel nach unten schieben. Die Hälfte der Mehlmischung dazugeben und auf niedrigster Stufe unterrühren. Dann nacheinander die saure Sahne und schließlich die restliche Mehlmischung dazugeben und jeweils gut unterrühren. Das Handrührgerät ausschalten, die Apfelstücke dazugeben und mit einem Spatel unterrühren.

Die Masse gleichmäßig auf die Vertiefungen der vorbereiteten Muffinform verteilen und glatt streichen. Die Muffins 18–20 Minuten backen, bis sie goldbraun sind. Bleibt an einem in die Mitte eines Muffins gesteckten Holzstäbchen kein Teig mehr haften, sind sie fertig. Die Muffins etwa 5 Minuten in der Form auf einem Kuchengitter abkühlen lassen, dann vorsichtig aus der Form nehmen und auf einem Kuchengitter komplett auskühlen lassen. (Übrigens: So können die Muffins in einem luftdicht verschließbaren Behältnis bis zu 3 Tage im Kühlschrank aufbewahrt werden – und man kann sie dann kurz vor dem Servieren dekorieren.)

Jetzt geht's ans Dekorieren. Dafür das Frischkäse-Frosting nach Rezept zubereiten, auf jeden Muffin eine großzügige Portion Frischkäse-Frosting geben und mit einer Palette gleichmäßig verteilen, sodass eine kuppelförmige Oberfläche entsteht. Den Dekorzucker in eine kleine Schüssel geben und die mit Frischkäse-Frosting überzogenen Muffins nacheinander darin wenden, bis das gesamte Frosting mit Zucker bedeckt ist. Schließlich noch je einen Minzzweig und ein Minzblatt in die Mitte des Frostings stecken – und schon sehen die Cupcakes aus wie leckere rotbackige Äpfel! Die dekorierten Cupcakes dann sofort servieren.

Belles Teetassen-Küchlein

Die verzauberte Teetasse Tassilo ist eine besonders liebenswerte Figur aus *Die Schöne und das Biest*. Schlussendlich hilft Tassilo sogar dabei, Belle und ihren Vater zu befreien, sodass sie das Biest vor Gaston und den wütenden Dorfbewohnern retten können. Diese in kleinen Tassen gebackenen Küchlein mit Salzkaramell sind eine Hommage an den liebenswerten Tassilo – und mit einem Klecks Schlagsahne sind sie perfekt für die nächste Teeparty!

Für die Küchlein

Backspray
200 g Mehl
¾ TL Backpulver
¼ TL Salz
125 g weiche Butter
220 g Vollrohrzucker
2 Eier (M)
1 TL reines Vanilleextrakt
80 ml Milch

Für die Karamellsauce

90 g gekaufte Karamellsauce
1 Prise Salz

½ Menge Schlagsahne
(siehe Seite 131)

Ergibt 6 Küchlein

Den Backofen auf 180 °C vorheizen. Sechs ofenfeste Tassen oder Förmchen (Ø 9 cm) mit Backspray einsprühen und auf ein Backblech stellen.

Mehl, Backpulver und Salz in eine mittelgroße Schüssel geben und gut vermischen. Butter und Zucker in eine große Schüssel geben und mit dem Handrührgerät auf mittlerer Stufe etwa 3 Minuten schaumig rühren. Dann die Eier und das Vanilleextrakt dazugeben und gut unterrühren. Das Handrührgerät kurz ausschalten und die Mischung mit einem Spatel von den Seitenwänden der Schüssel nach unten schieben. Die Hälfte der Mehlmischung dazugeben und auf niedrigster Stufe unterrühren. Dann nacheinander die Hälfte der Milch, die restliche Mehlmischung und schließlich die restliche Milch dazugeben und jeweils gut unterrühren. Das Handrührgerät ausschalten, die Masse mit einem Spatel von den Seitenwänden der Schüssel nach unten schieben und dann mit dem Spatel noch einmal gut durchrühren.

Die Masse gleichmäßig auf die vorbereiteten Tassen oder Förmchen verteilen und diese dabei zu etwa zwei Dritteln füllen. Die Küchlein 30–35 Minuten backen, bis sie goldbraun sind. Bleibt an einem in die Mitte eines Küchleins gesteckten Holzstäbchen kein Teig mehr haften, sind sie fertig. Die Küchlein in den Tassen oder Förmchen komplett auskühlen lassen und dann vorsichtig herausnehmen.

Die Karamellsauce in eine kleine mikrowellengeeignete Schüssel geben, etwa 20 Sekunden in der Mikrowelle erwärmen, bis sie weich und flüssig ist, und dann das Salz unterrühren.

Jeweils 1 EL Karamellsauce sowie einen großzügigen Löffel Schlagsahne auf die Küchlein geben und diese dann sofort servieren.

Tianas Dreikönigskuchen

Als Tiana und Naveen in *Küss den Frosch* von ihren Abenteuern im Bayou zurückkehren, findet in New Orleans gerade die alljährliche Mardi-Gras-Parade statt. Der Dreikönigskuchen wird traditionell zu Mardi Gras zubereitet: ein reichhaltiger süßer Hefekuchen, der mit lila, grünem und goldenem Zucker, den traditionellen Farben des Mardi Gras, dekoriert wird. Außerdem wird auch immer ein kleiner Glücksbringer, meist in Form eines Babys, im Inneren des Kuchens versteckt, und wer ihn findet, ist für einen Tag König – oder eben Prinzessin!

90 g Zucker

abgeriebene Schale von
1 Bio-Zitrone

630 g Mehl

2 ½ TL Trockenhefe

1 TL Salz

185 g kalte Butter, in Stückchen geschnitten

3 Eier (M)

250 ml Milch, auf etwa 45 °C erwärmt

1 hitzebeständiger Glücksbringer, z. B. eine Mardi-Gras-Babyfigur, oder eine ganze Mandel

1 Eigelb (M) verquirlt mit 1 EL Wasser zum Bestreichen

lila, grüner und goldener oder gelber Dekorzucker

Für 16 Personen

Rezeptvariante

Traditionell wird dieser Kuchen als Dessert nach einem klassischen Mardi-Gras-Menü mit den kreolischen Eintöpfen Jambalaya oder Gumbo serviert – er schmeckt aber auch so mit einem Glas kalter Milch!

Zucker und Zitronenabrieb in die Küchenmaschine geben und 15 Sekunden mixen, bis alles gut vermischt ist. Mehl, Hefe und Salz dazugeben und weitere 15 Sekunden mixen, bis alles gut vermischt ist. Schließlich die Butterstückchen darüber verteilen, mit den Fingern leicht in die Mehlmischung drücken und dann mithilfe der Pulsfunktion etwa 15 Mal mixen, bis eine fein krümelige Mischung entsteht.

Eier und Milch in einen großen Messbecher mit Ausguss oder einen Krug geben und mit einem Schneebesen verrühren. Die Küchenmaschine einschalten, die Ei-Milch-Mischung langsam durch die kleine Öffnung im Deckel der Küchenmaschine gießen und etwa 30 Sekunden mixen, dabei wenn nötig die Mischung immer wieder mit einem Spatel von den Seitenwänden der Schüssel nach unten schieben, bis ein weicher, klebriger Teig entsteht.

Den Teig in eine große Schüssel geben, mit einem Geschirrtuch oder Frischhaltefolie gut abdecken und über Nacht in den Kühlschrank geben. Durch die Kälte wird der Teig fester und erinnert dann eher an einen Keksteig.

Am nächsten Tag ein Backblech mit Backpapier auslegen. Jetzt heißt es, zügig arbeiten, bevor der Teig wieder warm und zu weich wird: Den Teig auf das Backblech geben und mit den Händen zu einem ovalen Ring von etwa 30 cm Länge und 5 cm Dicke formen. Die Hände befeuchten und die Oberfläche des Rings glatt streichen. Den Glücksbringer an einer beliebigen Stelle von unten in den Teigring stecken, diesen mit Backpapier abdecken und an einem warmen, trockenen Ort etwa 3 Stunden auf die doppelte Größe aufgehen lassen.

Den Backofen auf 190 °C vorheizen. Den Teigring gleichmäßig mit verquirltem Ei bestreichen und dann abwechselnd in breiten Streifen mit lila, grünem und goldenem oder gelbem Dekorzucker bestreuen.

Den Kuchen 25–30 Minuten backen, bis er goldbraun ist, und dann etwa 10 Minuten auf dem Blech auf einem Kuchengitter abkühlen lassen.

Den Kuchen auf eine große Servierplatte geben und warm oder bei Zimmertemperatur servieren. Zum Servieren den Dreikönigskuchen diagonal in dünne Scheiben schneiden.

Hei-Hei-Ananas-Kirsch-Küchlein

Die starke, mutige Vaiana ist die Tochter des Stammeshäuptlings ihrer Heimatinsel in Polynesien. Sie macht sich mit ihrem Boot auf, um ihre Insel zu retten und vor der herannahenden Dunkelheit zu beschützen, indem sie das Herz der Göttin Te Fiti, einen mächtigen Stein, zurück an seinen Platz bringt. Diese gelb-roten Küchlein sind inspiriert von Vaianas Begleiter, dem tollpatschigen Hahn Hei-Hei, und genau das Richtige für eine Inselparty. Statt Sauerkirschen eignen sich übrigens auch Cocktailkirschen.

125 g Butter, zerlassen

185 g Rohrohrzucker

8 Scheiben Ananas aus der Dose, abgetropft

8 Sauerkirschen aus dem Glas oder andere eingelegte Kirschen bzw. Cocktailkirschen

Für die Küchlein

155 g Kuchenmehl

½ TL Natron

½ TL Salz

125 g weiche Butter

60 g Rohrohrzucker

3 Eier (M; Zimmertemperatur), getrennt

1 TL reines Vanilleextrakt

190 ml Buttermilch (Zimmertemperatur)

60 g Zucker

Ergibt 8 Küchlein

Acht große Muffinförmchen oder andere ofenfeste Förmchen (jeweils etwa 240 g Fassungsvermögen; Ø 9 cm) einfetten. Jeweils 1 EL zerlassene Butter in die vorbereiteten Förmchen geben, dann jeweils 1 ½ TL Zucker hineingeben und gleichmäßig am Boden der Förmchen verteilen. In jedes Förmchen eine Ananasscheibe (diese wenn nötig einschneiden und leicht überlappend in die Förmchen geben) und in die Mitte eine Kirsche geben. Den Backofen auf 165 °C vorheizen.

Für die Küchlein Mehl, Natron und Salz in eine mittelgroße Schüssel sieben. Butter und Zucker in eine große Schüssel geben und mit dem Handrührgerät auf mittlerer Stufe etwa 2 Minuten schaumig rühren. Die Eigelbe und das Vanilleextrakt dazugeben und gut unterrühren. Das Handrührgerät kurz ausschalten und die Mischung mit einem Spatel von den Seitenwänden der Schüssel nach unten schieben. Die Hälfte der Mehlmischung dazugeben und auf niedrigster Stufe unterrühren. Dann nacheinander die Buttermilch und schließlich die restliche Mehlmischung dazugeben und jeweils gut unterrühren, bis eine dicke Masse entsteht. Die Masse mit einem Spatel von den Seitenwänden der Schüssel nach unten schieben.

Die Eiweiße in eine Schüssel geben und mit dem Handrührgerät mit sauberen Rührbesen auf mittlerer Stufe etwa 3 Minuten halbsteif schlagen. Langsam den Zucker einrieseln lassen und weiterrühren, bis die Mischung glänzt und Spitzen zieht. Den Eischnee mit einem Spatel vorsichtig unter die Kuchenmasse heben, bis keine weißen Schlieren mehr zu sehen sind. Die Masse gleichmäßig auf die vorbereiteten Förmchen verteilen und diese dabei zu etwa drei Vierteln füllen.

Die Küchlein etwa 25 Minuten backen, bis sie goldbraun sind und sich die Oberfläche fest anfühlt. Bleibt an einem in die Mitte eines Küchleins gesteckten Holzstäbchen kein Teig mehr haften, sind sie fertig. Die Küchlein in den Förmchen auf einem Kuchengitter etwa 5 Minuten abkühlen lassen. Wenn die Küchlein abgekühlt sind, einen Teller verkehrt herum auf ein Förmchen geben, das Küchlein stürzen und das Förmchen vorsichtig entfernen – dabei sollte man unbedingt aufpassen, dass man sich nicht verbrennt. Mit den restlichen Küchlein wiederholen und dann sofort servieren. Übrige Küchlein halten sich in einem luftdicht verschließbaren Behältnis bei Zimmertemperatur bis zu 5 Tage. Die Küchlein vor dem Servieren dann am besten im Backofen wieder leicht erwärmen.

Flit-der-Kolibri-Cupcakes

Der treue Kolibri Flit ist wie der freche Waschbär Meeko ein Freund von Pocahontas. Diese leckeren Cupcakes sind eine Abwandlung des jamaikanischen „hummingbird cake", des „Kolibri-Kuchens": ein Ananas-Bananen-Kuchen mit luftigem Frischkäse-Frosting, der auch im Süden der USA sehr beliebt ist. Den letzten Schliff verleihen diesen Cupcakes Vanillekekse in Form von kleinen Kolibris – so sind sie perfekt für eine Pocahontas-Motto-Party. Dann muss man nur noch aufpassen, dass der gefräßige Meeko sie nicht stiehlt!

Für die Cupcakes

155 g Mehl

125 g Zucker

1 TL Natron

½ TL gemahlener Zimt

¼ TL Salz

1 große reife Banane, geschält

90 g geraspelte Ananas aus der Dose, inklusive der Flüssigkeit

80 ml Rapsöl

1 Ei (M)

1 TL reines Vanilleextrakt

40 g gehackte geröstete Pekannüsse (optional)

Zum Dekorieren

½ Menge Vanillekekse (siehe Seite 131; optional)

½ Menge Zuckerguss (siehe Seite 130; optional)

½ Menge Frischkäse-Frosting (siehe Seite 130)

pinke und grüne Zuckerstreusel (wenn man keine Kekse macht)

Ergibt 12 Cupcakes

Den Backofen auf 180 °C vorheizen und eine 12er-Muffinform mit Papierförmchen auslegen.

Mehl, Zucker, Natron, Zimt und Salz in eine große Schüssel geben und gut vermischen. Die Banane in eine mittelgroße Schüssel geben und mit einer Gabel zerdrücken – insgesamt braucht man etwa 190 g zerdrückte Banane. Die geraspelte Ananas, das Rapsöl, das Ei und das Vanilleextrakt dazugeben und alles gut verrühren. Die Bananen-Ananas-mischung zur Mehlmischung geben und unterrühren, bis alles gut vermischt ist. Falls verwendet schließlich noch die Pekannüsse unterrühren.

Die Masse gleichmäßig auf die Vertiefungen der vorbereiteten Muffinform verteilen und diese dabei zu etwa drei Vierteln füllen. Die Muffins etwa 20 Minuten backen, bis sie goldbraun sind. Bleibt an einem in die Mitte eines Muffins gesteckten Holzstäbchen kein Teig mehr haften, sind sie fertig. Die Muffins etwa 10 Minuten in der Form auf einem Kuchengitter abkühlen lassen, dann vorsichtig aus der Form nehmen und auf einem Kuchengitter komplett auskühlen lassen.

Nach Wunsch den Vanillekeksteig nach Rezept zubereiten, ausrollen und mit einem Kolibri-Ausstecher Kekse ausstechen, bis der Teig aufgebraucht ist (alternativ kann man auch eine Kolibri-Papierschablone auf den Teig geben und mit einem kleinen scharfen Messer Kolibris ausschneiden). Insgesamt braucht man zwölf Kekse, für jeden Cupcake einen. Den Zuckerguss nach Rezept zubereiten und eine Hälfte grün und etwa ein Viertel pink färben. Die Kekskolibris mit dem Zuckerguss verzieren, dabei den Rücken, die Flügel und den Schwanz der Kolibris mit grünem Zuckerguss, die Unterseite des Schnabels mit pinkem Zuckerguss und den restlichen Körper mit weißem Zuckerguss verzieren. Die Kekse etwa 20 Minuten stehen lassen, bis der Zuckerguss getrocknet ist.

Das Frischkäse-Frosting nach Rezept zubereiten und mit einer kleinen Palette oder einem Spritzbeutel mit großer runder Tülle auf den Muffins verteilen. Auf jeden Cupcake einen Kolibrikeks geben oder das Frosting mit grünen und pinken Zuckerstreuseln bestreuen und die Cupcakes dann sofort servieren. Übrige Cupcakes halten sich in einem luftdicht verschließbaren Behältnis im Kühlschrank bis zu 7 Tage.

Rezeptvariante

Keine Lust auf Zuckerstreusel? Alternativ kann man die Cupcakes auch mit gehackten gerösteten Nüssen nach Wahl bestreuen!

Meridas verzauberte Küchlein

Weil sie den Sohn eines verbündeten Clans heiraten soll, streitet sich Merida mit ihrer Mutter und läuft weg. Schließlich kommt sie zu einer Hexe und bittet sie um einen Zauber, der ihr helfen soll, ihre Familie umzustimmen. Die Hexe gibt Merida einen verzauberten Kuchen, den ihre Mutter isst, woraufhin sie (und schlussendlich auch Meridas drei kleine Brüder) in einen Bären verwandelt wird. Auch diese glutenfreien Mandelküchlein mit Himbeerkonfitüre sind verzaubert: Sie sorgen dafür, dass man einfach nicht die Finger von ihnen lassen kann!

Backspray
140 g Mandelmehl
60 g Maisstärke
2 TL Backpulver
220 g Mandelmus
155 g Zucker
abgeriebene Schale von
1 Bio-Zitrone
½ TL Salz
185 g Butter, zerlassen und
abgekühlt
4 Eier (M; Zimmertemperatur)
100 g Himbeerkonfitüre
Puderzucker zum Bestäuben

Ergibt 16 Küchlein

Den Backofen auf 180 °C vorheizen und 16 Muffinförmchen mit Backspray einsprühen.

Mandelmehl, Stärke und Backpulver in eine Schüssel geben und gut vermischen. Das Mandelmus mit einer Gemüsereibe fein reiben und dann in eine große Schüssel geben. Zucker, Zitronenabrieb und Salz dazugeben und mit dem Handrührgerät auf mittlerer Stufe etwa 2 Minuten verrühren, bis eine krümelige Mischung entsteht. Die Butter dazugeben und auf höchster Stufe etwa 2 Minuten unterrühren, bis eine glatte Mischung entsteht. Nach und nach die Eier dazugeben und jeweils gut unterrühren, dabei das Handrührgerät immer wieder ausschalten und die Mischung mit einem Spatel von den Seitenwänden der Schüssel nach unten schieben. Die Mischung anschließend noch etwa 1 Minute auf höchster Stufe verrühren, bis alles gut vermischt ist. Schließlich die Mandelmehlmischung dazugeben und auf niedrigster Stufe unterrühren, bis alles gut vermischt ist.

Die Masse gleichmäßig auf die vorbereiteten Muffinförmchen verteilen und diese dabei zu etwa drei Vierteln füllen. Die Muffins etwa 18 Minuten backen, bis sie goldbraun sind. Bleibt an einem in die Mitte eines Muffins gesteckten Holzstäbchen kein Teig mehr haften, sind sie fertig. Die Muffins etwa 10 Minuten in den Förmchen auf einem Kuchengitter abkühlen lassen, dann vorsichtig auf ein Kuchengitter stürzen und wenden. Auf jeden Muffin etwa 1 TL Himbeerkonfitüre geben, zu einem gleichmäßigen Kreis verstreichen und die Küchlein anschließend komplett auskühlen lassen.

Die Küchlein vor dem Servieren schließlich noch mit Puderzucker bestäuben. Sie halten sich in einem luftdicht verschließbaren Behältnis bei Zimmertemperatur bis zu 7 Tage.

Farbenspiel-des-Winds-Kuchen

Das von den Gedichten und der Musik der amerikanischen Ureinwohner inspirierte Lied *Das Farbenspiel des Winds* ist Pocahontas' Liebeserklärung an die Natur und das spirituelle Wesen, das allem innewohnt. Umgeben von den Farben der Natur singt sie darüber, dass die Wunder der Erde nicht erobert werden können, sondern dass man in Harmonie und Respekt mit ihnen leben sollte. Dieser Kürbiskuchen mit der Pekanstreusel-Schicht in der Mitte sieht besonders schön aus, wenn man ihn mit Blätter-Keksen in den Farben des Winds dekoriert. Alternativ kann man als Dekoration auch halbierte geröstete Pekannüsse verwenden.

Backspray

Für die Streusel
120 g Pekannüsse, leicht geröstet und gehackt
75 g Mehl
75 g Rohrohrzucker
1 TL gemahlener Zimt
1 Prise Salz
75 g Butter, zerlassen

Für den Kuchen
235 g Mehl
2 TL Backpulver
½ TL Natron
2 TL gemahlener Zimt
1 TL gemahlener Ingwer
½ TL Salz
¼ TL gemahlene Muskatnuss
125 g Butter
155 g Rohrohrzucker
2 Eier (M)
140 g Kürbispüree aus dem Glas oder der Dose oder 140 g pürierter gekochter Kürbis
125 g saure Sahne

Zum Dekorieren
½ Menge Vanillekekse (siehe Seite 131; optional)
½ Menge Zuckerguss (siehe Seite 130; optional)
½ Menge Frischkäse-Frosting (siehe Seite 130)
16 halbierte Pekannüsse, geröstet (wenn man keine Kekse macht)

Den Backofen auf 180 °C vorheizen und eine Springform (Ø 23 cm, mindestens 7,5 cm hoch) mit Backspray einsprühen.

Für die Streusel Pekannüsse, Mehl, Zucker, Zimt und Salz in eine Schüssel geben und gut vermischen. Die Butter dazugeben und alles mit einer Gabel verrühren, bis eine gleichmäßig feuchte, leicht klumpige Mischung entsteht.

Für den Kuchen Mehl, Backpulver, Natron, Zimt, Ingwer, Salz und Muskat in eine mittelgroße Schüssel sieben. Butter und Zucker in eine große Schüssel geben und mit dem Handrührgerät auf mittlerer Stufe etwa 3 Minuten schaumig rühren. Nach und nach die Eier dazugeben und jeweils gut unterrühren. Das Handrührgerät ausschalten und die Mischung mit einem Spatel von den Seitenwänden der Schüssel nach unten schieben. Kürbispüree und saure Sahne dazugeben und mit dem Spatel gut unterrühren. Schließlich die Mehlmischung dazugeben und unterrühren, bis alles gut vermischt ist – die Masse sollte jetzt relativ dick sein.

Die Hälfte der Kuchenmasse in die vorbereitete Springform geben und glatt streichen. Die Pekanstreusel-Mischung gleichmäßig darauf verteilen, dann die restliche Kuchenmasse in die Form geben und glatt streichen.

Den Kuchen etwa 50 Minuten backen. Bleibt an einem hineingesteckten Holzstäbchen kein Teig mehr haften, ist er fertig. Den Kuchen etwa 20 Minuten in der Form auf einem Kuchengitter abkühlen lassen, dann den Rand der Springform vorsichtig abnehmen, den Kuchen auf ein Kuchengitter geben und komplett auskühlen lassen.

Nach Wunsch den Vanillekeksteig nach Rezept zubereiten, ausrollen und mit einem Blatt-Ausstecher Kekse ausstechen, bis der Teig aufgebraucht ist. Den Zuckerguss nach Rezept zubereiten, in verschiedenen herbstlichen Farben färben und die Kekse mit den Farben des Winds verzieren. Die Kekse etwa 20 Minuten stehen lassen, bis der Zuckerguss getrocknet ist.

Das Frischkäse-Frosting nach Rezept zubereiten und mit einer kleinen Palette auf dem Kuchen verteilen. Die Kekse oder die halbierten Pekannüsse als Dekoration auf das Frosting legen und den Kuchen dann sofort servieren. Übrig gebliebener Kuchen hält sich in einem luftdicht verschließbaren Behältnis im Kühlschrank bis zu 7 Tage.

Für 8 Personen

Cinderellas Kürbiskutschen-Cheesecake

Eine elegante Kutsche, die Cinderella zum königlichen Ball bringt, ist noch nicht wirklich das, was einer echten Prinzessin zustehen würde, also verzaubert die gute Fee mit einem Schwenk ihres Zauberstabs ein paar Mäuse in Apfelschimmel, den Hund Bruno in einen Lakaien und das Pferd Major in einen Kutscher. Auch dieser leckere Cheesecake mit dem knusprigen Keksboden und der Frischkäse-Kürbis-Füllung wäre perfekt für einen königlichen Ball!

Für den Keksboden

180 g zerkrümelte Ingwerkekse

60 g Vollrohrzucker

75 g Butter, zerlassen und abgekühlt

Für die Füllung

1000 g Frischkäse (Zimmertemperatur)

300 g Vollrohrzucker

425 g Kürbispüree aus dem Glas oder der Dose oder 425 g pürierter gekochter Kürbis

1 EL reines Vanilleextrakt

1 ½ TL gemahlener Zimt

¼ TL gemahlenes Piment

5 Eier (M)

Für 12 Personen

Den Backofen auf 180 °C vorheizen.

Für den Keksboden die Kekse und den Zucker in die Küchenmaschine geben und einige Sekunden mixen, bis die Kekse fein zerkrümelt sind. Die Butter dazugeben und weitermixen, bis eine gleichmäßig feuchte, leicht klumpige Mischung entsteht. Die Mischung in eine Springform (Ø 23 cm, mindestens 7,5 cm hoch) geben, ein Stück Frischhaltefolie darüberlegen, die Mischung mit den Händen gleichmäßig auf dem Boden der Form verteilen und die Ränder etwa 5 cm hochziehen.

Die Springform auf ein großes Stück Alufolie stellen und dieses nach oben falten, sodass die Form rundherum mit Alufolie bedeckt ist. Den Keksboden etwa 10 Minuten backen, bis er fest ist. Den fertigen Keksboden in der Form auf einem Kuchengitter komplett auskühlen lassen.

Für die Füllung Frischkäse und Zucker in eine große Schüssel geben und mit dem Handrührgerät auf mittlerer Stufe etwa 3 Minuten verrühren, bis alles gut vermischt ist. Das Handrührgerät kurz ausschalten und die Mischung mit einem Spatel von den Seitenwänden der Schüssel nach unten schieben. Kürbispüree, Vanilleextrakt, Zimt und Piment dazugeben und auf mittlerer Stufe unterrühren. Nach und nach die Eier dazugeben und jeweils gut unterrühren. Das Handrührgerät ausschalten, die Mischung mit einem Spatel von den Seitenwänden der Schüssel nach unten schieben und mit dem Spatel noch einmal gut durchrühren.

Die Füllung gleichmäßig auf dem abgekühlten Keksboden verteilen und glatt streichen. Den Cheesecake etwa 1 ½ Stunden backen, bis er leicht aufgeht und in der Mitte fest ist. Den fertigen Cheesecake abgedeckt mindestens 3 Stunden im Kühlschrank gut durchkühlen lassen.

Den Cheesecake mit einem Messer vorsichtig von den Seiten der Springform lösen, die Alufolie entfernen und den Rand der Springform abnehmen. Den Cheesecake auf eine Kuchenplatte geben und sofort servieren. Übrig gebliebener Cheesecake hält sich in einem luftdicht verschließbaren Behältnis im Kühlschrank bis zu 5 Tage.

Arielles Geheime-Höhle-Kuchen

Schnickschnack, Krimskrams, Krempel und Dingsbumse nennt Arielle die Schätze, die sie in ihrer geheimen Höhle versteckt. Dieser saftige Kranzkuchen, der mit Meersalz und Karamellsauce verfeinert wird, ist wie eine Schatztruhe gefüllt mit reinem Schokoladengenuss. Am besten serviert man ihn mit einer Kugel Vanilleeis oder einem großzügigen Klecks Schlagsahne (siehe Seite 131).

60 g Butter, plus etwas mehr für die Form

155 g Mehl, plus etwas mehr für die Form

90 g Zartbitterschokolade, grob gehackt

250 g Zucker

45 g ungesüßtes Kakaopulver

1 ½ TL Natron

¼ TL Salz

2 Eier (M)

250 ml Buttermilch

2 TL reines Vanilleextrakt

740 ml gekaufte Karamellsauce

Meersalzflocken

blauer Dekorzucker (optional)

Für 10–12 Personen

Den Backofen auf 180 °C vorheizen. Eine Kranzform (Ø 25 cm) einfetten und mit Mehl ausstäuben, dabei überschüssiges Mehl sanft aus der Form klopfen.

Butter und Schokolade in einen Topf geben und bei geringer Temperatur unter gelegentlichem Umrühren schmelzen lassen. Den Topf von der Hitze nehmen und kurz beiseitestellen.

Mehl, Zucker, Kakao, Natron und Salz in eine große Schüssel geben und gut vermischen. Nacheinander die Schokoladen-Butter-Mischung, die Eier, die Buttermilch und schließlich das Vanilleextrakt dazugeben und mit dem Handrührgerät auf niedrigster Stufe jeweils gut unterrühren. Schließlich auf die höchste Stufe schalten und die Masse etwa 3 Minuten schaumig aufschlagen.

Die Masse in die vorbereitete Kranzform geben und glatt streichen. Den Kuchen 40–45 Minuten backen. Bleibt an einem hineingesteckten Holzstäbchen kein Teig mehr haften, ist er fertig. Den Kuchen etwa 15 Minuten in der Form auf einem Kuchengitter abkühlen lassen, dann auf ein Kuchengitter stürzen und komplett auskühlen lassen. (Man kann den Kuchen auch gut im Vorhinein zubereiten und dann bis zu 8 Stunden mit einem Geschirrtuch abgedeckt bei Zimmertemperatur aufbewahren.)

Den Kuchen auf dem Kuchengitter auf ein Backblech stellen, die Karamellsauce auf den Kuchen gießen, sodass er an den Seiten hinunterrinnt, und mit Meersalzflocken sowie nach Wunsch Dekorzucker bestreuen. Den fertigen Kuchen auf eine große Servierplatte geben und sofort servieren.

Rezeptvariante

Statt der Karamellsauce eignet sich auch ein selbstgemachtes, zuckerfreies Himbeerkompott: Dafür 500 g frische Himbeeren, 90 g Ahornsirup, 2 EL Zitronensaft und 125 ml Wasser in einen Topf geben, bei mittlerer Temperatur aufkochen lassen, dann die Hitze reduzieren und das Kompott unter gelegentlichem Umrühren etwa 10 Minuten sanft köcheln lassen.

Disney-Traumschloss-Torte

Was gibt es für eine Prinzessin Besseres als ein echtes Disney-Traumschloss zum Geburtstag? Diese eindrucksvolle zweistöckige Torte besteht aus geschichteten Erdbeer- und Vanillekuchen, cremiger Vanille-Buttercreme und Erdbeerkonfitüre. Sie ist relativ aufwendig, aber die Kuchenböden kann man bis zu 3 Tage im Vorhinein backen, schichten und erst später dekorieren. Fondant gibt es in verschiedenen Farben, man kann aber auch weißes Fondant kaufen und dieses nach Wunsch färben. Es ist einfach zu verarbeiten und sieht wirklich toll aus – damit wird diese Geburtstagstorte zu einem echten Gesamtkunstwerk wie vom Profi!

Für die Erdbeerkuchen

375 g frische Erdbeeren, geputzt und grob gehackt

Backspray

310 g Kuchenmehl

1 EL Backpulver

¼ TL Natron

½ TL Salz

250 g weiche Butter

375 g Zucker

3 Eier (M)

1 TL reines Vanilleextrakt

einige Tropfen pinke Gel-Lebensmittelfarbe (optional)

125 g saure Sahne

125 ml Milch

Für die Vanillekuchen

310 g Kuchenmehl

1 EL Backpulver

¼ TL Natron

½ TL Salz

250 g weiche Butter

375 g Zucker

3 Eier (M)

2 TL reines Vanilleextrakt

250 g saure Sahne

125 ml Milch

(Fortsetzung auf Seite 108)

Für die Erdbeerkuchen die Erdbeeren im Mixer fein pürieren, dann in einen kleinen Topf geben und bei geringer Temperatur unter häufigem Umrühren etwa 20 Minuten sanft köcheln lassen, bis die Mischung leicht eindickt. Den Topf von der Hitze nehmen, die Mischung komplett abkühlen lassen, dann in ein luftdicht verschließbares Behältnis geben und für mindestens 1 Stunde bis zu 2 Tage in den Kühlschrank geben.

Den Backofen auf 180 °C vorheizen. Eine große quadratische Backform (25 x 25 cm) und eine kleine quadratische Backform (15 x 15 cm) mit Backspray einsprühen, die Böden mit Backpapier auslegen und dieses ebenfalls mit Backspray einsprühen.

Mehl, Backpulver, Natron und Salz in eine mittelgroße Schüssel sieben. Butter und Zucker in eine große Schüssel geben und mit dem Handrührgerät auf mittlerer Stufe etwa 3 Minuten schaumig rühren. Nach und nach die Eier dazugeben und jeweils gut unterrühren. Dann das Vanilleextrakt und falls verwendet die Lebensmittelfarbe dazugeben und unterrühren, bis alles gut vermischt ist. Das Handrührgerät kurz ausschalten und die Mischung mit einem Spatel von den Seitenwänden der Schüssel nach unten schieben. Etwa ein Drittel der Mehlmischung dazugeben und auf niedrigster Stufe unterrühren. Dann nacheinander die saure Sahne, die Milch, die Hälfte der restlichen Mehlmischung, die abgekühlte Erdbeermischung und schließlich die restliche Mehlmischung dazugeben und jeweils gut unterrühren. Das Handrührgerät kurz ausschalten, die Masse mit einem Spatel von den Seitenwänden der Schüssel nach unten schieben und dann auf niedrigster Stufe weitere 10 Sekunden gut durchrühren.

Etwa zwei Drittel der Masse in eine der großen Backformen und den Rest in eine der kleinen Backformen geben und glatt streichen – die Schichten sollten jeweils etwa 12 mm dünn sein. Die Kuchen 25–30 Minuten backen, bis sich die Ränder von den Seitenwänden der Form lösen. Bleibt an einem hineingesteckten Holzstäbchen kein Teig mehr haften, sind sie fertig. Die Kuchen etwa 15 Minuten in den Formen auf Kuchengittern abkühlen lassen, dann stürzen, das Backpapier vorsichtig abziehen, wenden und auf Kuchengittern komplett auskühlen lassen.

Fortsetzung auf Seite 108

Disney-Traumschloss-Torte Fortsetzung von Seite 106

3 x Menge Vanille-Buttercreme
(siehe Seite 130)

390 g Erdbeerkonfitüre

Puderzucker zum Bestäuben

1250 g weißes Fondant

Zum Dekorieren

5 große Eiswaffeln

etwa 1 ½ TL Milch zum Verdünnen
der Buttercreme

etwa 95 g bunte Liebesperlen

5 Tonpapierstreifen in verschiedenen Farben, jeweils 13 x 2,5 cm

Papierkleber

5 Holzstäbchen

Gel-Lebensmittelfarbe in
verschiedenen Farben, z. B.
Lila, Grün, Blau und Braun

etwa 180 g Geleefrüchte und
50 g Mini-Marshmallows

Für 20 Personen oder mehr

Den Teig für die Vanillekuchen wie den für die Erdbeerkuchen zubereiten, dabei aber statt 125 g saure Sahne 250 g verwenden. Die Vanillekuchen anschließend wie die Erdbeerkuchen backen und auskühlen lassen.

Die Buttercreme nach Rezept zubereiten und etwa ein Sechstel zum Dekorieren in einem luftdicht verschließbaren Behälter in den Kühlschrank geben.

Den großen Erdbeerkuchen auf eine große Servierplatte oder ein Tablett geben und mit einer Palette eine etwa 6 mm dicke Schicht Buttercreme darauf verteilen. Dann etwa drei Viertel der Erdbeerkonfitüre in einer dünnen, gleichmäßigen Schicht auf der Buttercreme verteilen, den großen Vanillekuchen daraufsetzen und ebenfalls eine Schicht Buttercreme darauf verteilen. Schließlich auch die Seiten des geschichteten Kuchens mit einer Schicht Buttercreme überziehen und den Kuchen dann mindestens 1 Stunde oder über Nacht in den Kühlschrank geben.

Den kleinen Erdbeerkuchen auf einen Teller oder eine Platte geben und mit einer Palette eine etwa 6 mm dicke Schicht Buttercreme darauf verteilen. Die restliche Erdbeerkonfitüre in einer dünnen, gleichmäßigen Schicht auf der Buttercreme verteilen, den kleinen Vanillekuchen daraufsetzen und ebenfalls eine Schicht Buttercreme darauf verteilen. Schließlich auch die Seiten des geschichteten Kuchens mit einer Schicht Buttercreme überziehen und den Kuchen dann mindestens 1 Stunde oder über Nacht in den Kühlschrank geben.

Etwa 750 g Fondant auf einer mit Puderzucker bestäubten Arbeitsfläche etwa 3 mm dünn zu einem etwa 40 x 40 cm großen Quadrat ausrollen. Das Fondant mithilfe des Nudelholzes aufrollen und dann über dem großen geschichteten Kuchen entrollen, sodass dieser komplett mit Fondant bedeckt ist. Das Fondant mithilfe eines Fondantglätters von der Mitte der Kuchenoberfläche aus über die Seiten glatt streichen, etwaiges überstehendes Fondant an den unteren Kanten mit einem scharfen Messer abschneiden, die Ecken mithilfe des Fondantglätters ausformen und auch hier wenn nötig überstehendes Fondant wegschneiden. Die Fondantreste in Frischhaltefolie einschlagen und kurz beiseitegeben. Anschließend etwa 375 g Fondant auf einer mit Puderzucker bestäubten Arbeitsfläche etwa 3 mm dünn zu einem etwa 33 x 33 cm großen Quadrat ausrollen und den kleinen geschichteten Kuchen damit wie oben beschrieben überziehen. Schließlich den kleinen Kuchen mittig auf den großen setzen und in den Kühlschrank geben.

Für die Türme die Spitzen der Eiswaffeln vorsichtig abschneiden, sodass eine kleine Öffnung entsteht, durch die die Holzstäbchen gerade so hindurchpassen. Die beiseite-gegebene Buttercreme aus dem Kühlschrank nehmen und nach und nach die Milch unterrühren, bis sie schön streichfähig ist. Die Liebesperlen auf einen flachen Teller geben. Eine Eiswaffel nehmen, auf die Finger der linken (oder rechten) Hand stecken, mithilfe einer kleinen Palette mit einer dünnen Schicht Buttercreme überziehen und dann in den Liebesperlen wenden, bis die Eiswaffel komplett bedeckt ist. Die fertige Eiswaffel verkehrt herum auf einen großen Teller stellen und stehen lassen, bis die Buttercreme fest geworden ist. Mit den restlichen Eiswaffeln wiederholen und die übrige Buttercreme wieder in den Kühlschrank geben.

Die Tonpapierstreifen der Breite nach zusammenfalten, von den gefalteten Kanter aus jeweils ein Dreieck oder eine geschwungene Fahnenform auf die gefalteten Tonpapierstreifen zeichnen und dann entlang der vorgezeichneten Linien ausschneiden. Die Fahnen auseinanderklappen, innen mit einer dünnen Schicht Kleber bestreichen, je ein Holzstäbchen in die gefalteten Kanten legen, die Fahnen zusammenklappen und gut festdrücken.

Einen Teil der beiseitegegebenen Fondantreste auf eine mit Puderzucker bestäubte Arbeitsfläche geben, verkneten und dann mit den Handflächen hin- und herrollen, bis eine lange, dünne Rolle entsteht – die braucht man, um die untere Kante der Türme zu verzieren. Die restlichen Fondantreste und das restliche Fondant nach Wunsch mit verschiedenen Lebensmittelfarben färben. Das Fondant anschließend auf einer mit Puderzucker bestäubten Arbeitsfläche etwa 3 mm dünn ausrollen und dann mit einem kleinen, scharfen Messer die gewünschten Dekorationen für das Schloss ausschneiden, etwa ein großes Tor und Fenster. Die Rückseiten der ausgeschnittenen Dekorationen mit etwas Wasser bepinseln und diese dann vorsichtig auf dem Kuchen festdrücken.

Für die Türme die Kanten der Eiswaffeln jeweils mit etwas von der übrigen Buttercreme bestreichen und dann je eine Eiswaffel verkehrt herum auf jede Ecke des großen Kuchens sowie mittig auf den kleinen Kuchen setzen. Die Fondantrolle in Stücke schneiden und diese um die unteren Kanten der Eiswaffeln legen, sodass diese nicht mehr zu sehen sind. Schließlich in jeden fertigen „Turm" eine Fahne stecken, sodass die Holzstäbchen im Kuchen stecken.

Für die Zinnen die Unterseiten der Geleefrüchte bzw. der Mini-Marshmallows mit etwas von der übrigen Buttercreme bestreichen und diese dann entlang der Kanten auf die beiden Kuchen setzen.

Die fertige Torte entweder sofort servieren oder abgedeckt bis zu 3 Tage im Kühlschrank aufbewahren.

Flora, Fauna und Sonnenscheins Feen-Cupcakes

Nachdem die guten Feen Flora, Fauna und Sonnenschein den Fluch der bösen Fee Malefiz abgeschwächt haben, ziehen sie Aurora bis zu ihrem 16. Geburtstag im Wald auf. Das feine Rosenaroma dieser Cupcakes erinnert an den Spitznamen, den die Feen Aurora gaben: Röschen. Man kann sie wie hier mit bunt gefärbter Buttercreme und Pistazien dekorieren, aber auch essbare getrocknete oder kandierte Rosenblütenblätter (siehe Seite 72) sehen toll aus!

Für die Muffins

185 g weiche Butter

185 g Zucker

¼ TL Salz

1 EL Rosenwasser

1 ½ TL reines Vanilleextrakt

3 Eier (M)

235 g Mehl vermischt mit
2 ½ TL Backpulver

Für die Buttercreme

125 g weiche Butter

375 g Puderzucker

1 Prise Salz

1 EL Rosenwasser

1 TL reines Vanilleextrakt

je 3 Tropfen pinke, grüne und blaue Lebensmittelfarbe

2 EL fein gehackte Pistazien zum Bestreuen (optional)

Ergibt 12 Cupcakes

Den Backofen auf 180 °C vorheizen und eine 12er-Muffinform mit Papierförmchen auslegen.

Butter, Zucker und Salz in eine große Schüssel geben und mit dem Handrührgerät auf mittlerer Stufe etwa 3 Minuten schaumig rühren. Das Rosenwasser und das Vanille-extrakt dazugeben und gut unterrühren. Nach und nach die Eier dazugeben und jeweils gut unterrühren. Schließlich nach und nach das Mehl dazugeben und auf niedrigster Stufe unterrühren, bis alles gut vermischt ist.

Die Masse gleichmäßig auf die Vertiefungen der vorbereiteten Muffinform verteilen und glatt streichen. Die Muffins 15–20 Minuten backen, bis sie goldbraun sind. Bleibt an einem in die Mitte eines Muffins gesteckten Holzstäbchen kein Teig mehr haften, sind sie fertig. Die Muffins in der Form auf einem Kuchengitter komplett auskühlen lassen und dann vorsichtig aus der Form nehmen.

Für die Buttercreme Butter, Puderzucker und Salz in eine Schüssel geben und mit dem Handrührgerät auf mittlerer Stufe 2–3 Minuten glatt rühren. Rosenwasser und Vanilleex-trakt dazugeben und gut unterrühren. Die Buttercreme auf mehrere Schüsseln verteilen und die Lebensmittelfarben unterrühren.

Die verschiedenen Buttercremes zusammen in einen Spritzbeutel mit kleiner Sterntülle füllen und spiralförmig auf die Muffins spritzen. Die Cupcakes schließlich nach Wunsch noch mit Pistazien bestreuen und dann sofort servieren.

KAPITEL 4

Frühstücksgenuss

Meridas Bärenklauen

Nachdem sie von dem verzauberten Kuchen gegessen hat, verwandelt sich Meridas Mutter, Königin Elinor, in einen Bären. Wenn sie und Merida bis zum zweiten Sonnenaufgang keinen Weg finden, den Zauber rückgängig zu machen, bleibt Elinor für immer ein Bär. Diese Bärenklauen aus Blätterteig sind ganz einfach zuzubereiten und überraschen mit einer herrlich süßen Mandelfüllung, die durch die Kuchenkrümel wunderbar saftig bleibt. Dafür eignet sich zum Beispiel ein einfacher Vanillemuffin – oder auch ein Schokoladenmuffin!

105 g kaltes Mandelmus, gerieben

60 g Mandelmehl

60 g Zucker

½ TL gemahlener Zimt

¼ TL Salz

60 g zerkrümelter Vanillekuchen, z. B. 1 Vanillemuffin

abgeriebene Schale von 1 Bio-Zitrone

1 Ei (M)

1 TL reines Vanilleextrakt

Mehl für die Arbeitsfläche und zum Bemehlen

500 g Blätterteig aus dem Kühlregal oder gefroren und nach Packungsangabe aufgetaut

1 Ei (M) verquirlt mit 1 TL Wasser zum Bestreichen

30 g Mandelblättchen

Puderzucker zum Bestäuben

Ergibt 8 Bärenklauen

Mandelmus, Mandelmehl, Zucker, Zimt und Salz in die Küchenmaschine geben und etwa 30 Sekunden mixen, bis alles gut vermischt ist und eine krümelige Mischung entsteht. Den zerkrümelten Vanillekuchen, den Zitronenabrieb, das Ei und das Vanilleextrakt dazugeben und wieder etwa 30 Sekunden mixen, bis eine klebrige Mischung entsteht. Die Mischung in eine Schüssel geben, mit Frischhaltefolie abdecken und etwa 1 Stunde im Kühlschrank gut durchkühlen lassen.

Zwei Backbleche mit Backpapier auslegen. Den Blätterteig auf eine leicht bemehlte Arbeitsfläche geben, mit einem leicht bemehlten Nudelholz etwa 3 mm dünn ausrollen und dann acht etwa 12–14 x 12–14 cm große Quadrate zuschneiden und diese auf die vorbereiteten Backbleche geben. Wenn man die Quadrate nicht gleich füllt, sollte man sie in der Zwischenzeit auf den Backblechen in den Kühlschrank geben.

Zum Füllen die Blätterteigquadrate nebeneinander auf eine saubere Arbeitsfläche geben. Jeweils eine Hälfte der Blätterteigquadrate mit verquirltem Ei bestreichen, dann je etwa 2 EL der Füllung in die Mitte geben und mit den Händen zu einer länglichen Rolle formen, sodass links und rechts ein Blätterteigrand von etwa 12 mm bleibt. Die Blätterteigquadrate Kante auf Kante über der Füllung zusammenfalten und die Ränder rund um die Füllung gut festdrücken. Mit einem kleinen, scharfen Messer den langen zusammengedrückten Blätterteigrand viermal etwa 2,5 cm lang einschneiden, sodass fünf „Bärenklauen" entstehen. Die Klauen nach vorn hin zu kleinen Halbmonden formen und die Blätterteigtäschchen dann wieder auf die Backbleche geben.

Die Blätterteigtäschchen mit dem restlichen verquirlten Ei bestreichen und mit Mandelblättchen bestreuen. Die Täschchen 20–25 Minuten backen, bis sie goldbraun sind und schön aufgehen. Die Blätterteigtäschchen auf Kuchengittern komplett auskühlen lassen und vor dem Servieren mit Puderzucker bestäuben.

Cinderellas Verzauberter-Kürbis-Gewürzbrote

Diese Kürbis-Gewürzbrote sind perfekt für ein magisches Frühstück – und man bekommt sie auch ohne den Zauberstab der guten Fee hin! Das Geheimnis ist hier der Cider, der für ein wunderbar herbstliches Aroma sorgt. Mit diesen Zutatenangaben erhält man genug Teig für zwei Kastenformen – ein Brot kann man dann sofort servieren, das andere einfrieren oder verschenken. Das Kürbis-Gewürzbrot ist übrigens auch perfekt als Mitternachtssnack!

Butter für die Formen

545 g Mehl

2 TL Natron

1 ½ EL Kürbiskuchengewürz

1 TL Salz

4 Eier (M)

375 g Zucker

220 g Rohrohrzucker

250 ml Rapsöl

160 ml Cider

425 g Kürbispüree aus dem Glas oder der Dose oder 425 g pürierter gekochter Kürbis

60 g gehackte Pekan- oder Walnüsse, leicht geröstet (optional)

Ergibt 2 Brote

Den Backofen auf 180 °C vorheizen und zwei Kastenformen (23 x 13 cm) großzügig einfetten.

Mehl, Natron, Kürbiskuchengewürz und Salz in eine mittelgroße Schüssel sieben. Eier, Zucker und Rohrzucker in eine große Schüssel geben und mit einem Schneebesen verrühren. Rapsöl, Cider und Kürbispüree dazugeben und gut unterrühren. Die Mehlmischung und die Pekannüsse dazugeben und unterrühren, bis alles gleichmäßig vermischt ist.

Den Teig gleichmäßig auf die vorbereiteten Formen verteilen und glatt streichen. Die Brote etwa 50 Minuten backen, bis sie goldbraun sind. Bleibt an einem hineingesteckten Holzstäbchen kein Teig mehr haften, sind sie fertig. Die Brote einige Minuten in den Formen auf Kuchengittern abkühlen lassen, dann stürzen, wenden und auf Kuchengittern komplett auskühlen lassen. In ein Geschirrtuch eingeschlagen halten sich die Brote bei Zimmertemperatur bis zu 7 Tage.

Rezeptvariante

Wer möchte, kann mit dem Cider noch einen Löffel ungesüßtes Apfelmus dazugeben – das unterstreicht die Aromen der Gewürze, ohne den Geschmack des Kürbisses zu überdecken.

Verbotener Schatz aus Aladdins Wunderhöhle

Die von einem Wächter in Form eines riesigen Tigerkopfs beschützte Wunderhöhle ist mit unzähligen Schätzen und magischen Gegenständen gefüllt, darunter auch Dschinnis Wunderlampe. Betreten kann sie nur, wer ein reines Herz hat und die Reichtümer der Höhle nicht zu seinem eigenen Vorteil nutzt. Diese glutenfreien gebackenen Äpfel sind gefüllt mit einem „Schatz" aus Müsli und Nüssen – und der Honig-Apfel-Sirup sorgt für den letzten Schliff!

50 g Korinthen

250 ml Cider

4 säuerliche Backäpfel, z. B. Gala, Honeycrisp oder Pink Lady

100 g Haferflockenmüsli

40 g gehackte Mandeln oder Pekannüsse, geröstet

60 ml Apfelsaft

125 g Honig

Für 4 Personen

Die Korinthen in eine kleine hitzebeständige Schüssel geben. Den Cider in einen kleinen Topf geben und zum Kochen bringen. Den Topf von der Hitze nehmen, den heißen Cider über die Korinthen gießen und diese etwa 30 Minuten einweichen lassen, bis sie sich schön vollgesaugt haben.

Den Backofen auf 180 °C vorheizen. Vom Stielende der Äpfel jeweils ein etwa 12 mm dicke Scheibe abschneiden, mithilfe eines Melonenausstechers zunächst das Kerngehäuse entfernen und dann den Apfel aushöhlen, bis eine etwa 12 mm dicke Apfelhülle übrig bleibt, dabei ist es wichtig, dass man den Boden und die Seitenwände der Äpfel nicht durchsticht. Die Äpfel aufrecht stehend in eine ofenfeste Backform geben, in der die Äpfel gut Platz haben.

Ein feines Sieb über die Backform halten und die Korinthen abgießen, sodass die Flüssigkeit in die Backform mit den Äpfeln fließt. Müsli, Mandeln und Korinthen in eine Schüssel geben und gut verrühren. Die Müslimischung in die ausgehöhlten Äpfel löffeln, bis diese komplett gefüllt sind. Vier etwa 13 x 13 cm große Alufolienquadrate zurechtschneiden und die Äpfel mit diesen abdecken.

Die Äpfel 35–40 Minuten backen, bis sie weich sind, wenn man sie mit einem Messer leicht anstich, aber noch nicht zerfallen. Die Backform aus dem Ofen nehmen und die Alufolienquadrate entfernen. Die Äpfel in der Form etwa 20 Minuten abkühlen lassen, dann auf einen Teller geben, etwaige herausgefallene Füllung wieder zurück in die Äpfel löffeln und die Flüssigkeit aus der Backform weggießen.

Apfelsaft und Honig in einen Topf geben und bei mittlerer Temperatur zum Kochen bringen. Die Hitze etwas reduzieren und die Flüssigkeit etwa 8 Minuten auf etwa ein Drittel einköcheln lassen, bis sie eine sirupartige Konsistenz hat. Den heißen Sirup über die Äpfel löffeln und diese dann sofort lauwarm servieren.

Tianas Beignets

Tiana träumt davon, ein eigenes Restaurant zu eröffnen. Um Geld zu verdienen, um damit eine verlassene Zuckermühle zu kaufen, in der sie ihr Restaurant eröffnen möchte, erklärt sie sich bereit, für einen Maskenball zu Naveens Ehren Beignets zu backen. Erwachsenen serviert man zu diesen luftigen frittierten Leckerbissen am besten einen für New Orleans typischen Zichorienkaffee – Kinder bevorzugen vermutlich eine Tasse heiße Schokolade!

60 ml Wasser, auf etwa 45 °C erwärmt

2 ½ TL Trockenhefe

700 g Mehl, plus etwas mehr für die Arbeitsfläche

3 EL Zucker

1 TL Salz

250 ml Milch

60 g Butter

1 Ei (M)

Erdnuss- oder Maiskaimöl für die Schüssel und zum Frittieren

Puderzucker zum Bestäuben

Ergibt 12 Beignets

Das warme Wasser in eine kleine Schüssel geben, die Hefe darüberstreuen und 5–10 Minuten warten, bis die Mischung Bläschen wirft. Etwa 470 g Mehl, den Zucker und das Salz in die Küchenmaschine geben und kurz mixen, bis alles gut vermischt ist.

Milch und Butter in einen kleinen Topf geben und bei mittlerer Temperatur sanft erhitzen, bis die Milch heiß und die Butter geschmolzen ist, dabei darauf achten, dass die Milch nicht kocht. Den Topf von der Hitze nehmen und die Milchmischung bei laufender Küchenmaschine durch die kleine Öffnung zur Mehlmischung gießen und mixen, bis alles gut vermischt ist. Das Ei, die Hefe-Wasser-Mischung und das restliche Mehl dazugeben und weitermixen, bis ein geschmeidiger Teig entsteht. Eine große Schüssel mit etwas Erdnussöl auspinseln, den Teig hineingeben, die Schüssel mit Frischhaltefolie abdecken und den Teig an einem warmen, trockenen Ort etwa 1 Stunde gehen lassen, bis sich die Größe verdoppelt hat.

Den Backofen auf 95 °C vorheizen und ein Backblech mit Küchentüchern auslegen. Einen hohen, schweren Topf etwa 7,5 cm hoch mit Öl füllen und dieses mithilfe eines Küchenthermometers auf 185 °C erhitzen.

In der Zwischenzeit den Teig in zwei Portionen teilen. Eine Hälfte auf eine leicht bemehlte Arbeitsfläche geben und etwa 6 mm dünn zu einem Rechteck ausrollen. Das Rechteck in sechs gleich große Rechtecke schneiden.

Sobald das Öl die richtige Temperatur erreicht hat, zwei bis drei Teigrechtecke hineingeben und von jeder Seite etwa 2 Minuten frittieren, bis sie goldbraun sind und schön aufgehen. Die Beignets mit einem Schaumlöffel aus dem Öl nehmen, auf das vorbereitete Backblech geben und dieses in den vorgeheizten Backofen geben, um die Beignets warmzuhalten. Mit den restlichen Teigrechtecken und dem restlichen Teig wiederholen.

Die Beignets auf einer vorgewärmten Platte anrichten, großzügig mit Puderzucker bestäuben und dann sofort servieren.

Mulans Großer-Steindrache-Brötchen

Nicht nur die Ahnen beschützen Mulans Familie, es gibt auch sogenannte Familienwächter in Form der chinesischen Sternzeichen wie den Drachen Mushu, der geschickt wird, um den großen Steindrachen zu wecken. Dieser soll Mulan beschützen, wenn sie statt ihres Vaters in den Krieg zieht – nur leider ist Mushu zu tollpatschig, und alles kommt anders als gedacht. Diese gefüllten Hefebrötchen sind ein Klassiker in chinesischen Bäckereien. Sie werden mit einer süßen Paste aus Adzuki-Bohnen gefüllt und sind wunderbar luftig-locker, wenn sie heiß aus dem Ofen kommen.

Für die Füllung

220 g getrocknete Adzuki-Bohnen, über Nacht in kaltem Wasser eingeweicht

125 g Zucker

2 EL weiche Butter

½ TL Salz

Für den Teig

250 ml Milch, auf etwa 45 °C erwärmt

90 g Zucker

1 EL Trockenhefe

630 g Mehl

2 Eier (M)

1 TL Salz

90 g weiche Butter

Maiskeimöl für die Schüssel

1 Ei (M) verquirlt mit 1 TL Wasser zum Bestreichen

2 TL geröstete Sesamsamen

Ergibt 12 Brötchen

Für die Füllung die eingeweichten Adzuki-Bohnen und 1,5 l Wasser in einen Topf geben und dieses zum Kochen bringen. Die Hitze reduzieren und die Bohnen unter gelegentlichem Umrühren etwa 45 Minuten kochen, bis sie sehr weich sind.

Die Bohnen abgießen, gut abtropfen lassen, anschließend zusammen mit Zucker, Butter und Salz in die Küchenmaschine geben und etwa 2 Minuten fein pürieren. Das Bohnenpüree mithilfe eines Spatels durch ein feines Sieb in einen Topf passieren, um die Häutchen zu entfernen.

Den Topf mit dem Bohnenpüree auf den Herd stellen und das Bohnenpüree bei geringer Temperatur etwa 7 Minuten unter ständigem Rühren sanft köcheln lassen, bis eine dicke Paste entsteht. Die Paste in eine Schüssel geben, mit Frischhaltefolie abdecken, sodass diese direkt auf der Oberfläche der Paste aufliegt (so bildet sich keine Haut), und komplett auskühlen lassen.

Für den Teig Milch, Zucker und Hefe in die Küchenmaschine geben, gut verrühren und dann etwa 5–10 Minuten stehen lassen, bis die Mischung beginnt, Bläschen zu werfen. Mehl, Eier und Salz dazugeben und mit dem Knethaken auf mittlerer Stufe 3–5 Minuten verkneten, bis ein grober Teig entsteht. Unter ständigem Kneten nach und nach die Butter dazugeben und dann etwa 10 Minuten weiterkneten, bis ein relativ glatter, sehr klebriger Teig entsteht, der sich von den Seitenwänden der Schüssel löst.

Eine große Schüssel mit Maiskeimöl auspinseln. Den Teig in die Schüssel geben, mit Frischhaltefolie abdecken und an einem warmen, trockenen Ort etwa 1 ½ Stunden gehen lassen, bis sich die Größe verdoppelt hat.

Fortsetzung auf Seite 122

Mulans Großer-Steindrache-Brötchen Fortsetzung von Seite 120

Ein Backblech mit Backpapier auslegen. Den Teig auf eine saubere Arbeitsfläche geben, mit einer Faust die Luft herausschlagen und dann zu einer etwa 25 cm langen Rolle formen. Die Rolle in zwölf gleich große Stücke schneiden (am besten macht man das mithilfe eines Lineals, damit die Teigportionen möglichst gleich groß sind). Die Teigportionen nacheinander mit den Händen zu einer Kugel formen und dann zu einer Scheibe von etwa 10 cm Durchmesser flach drücken. Jeweils 2 EL Bohnenpaste in die Mitte der Teigscheiben geben, den Teig über der Füllung zusammenfalten und die Kanten zwischen zwei Fingern zusammendrücken, sodass die Füllung gut umschlossen ist. Die Brötchen mit den zusammengedrückten Kanten nach unten mit genug Abstand zueinander auf das vorbereitete Backblech geben, lose mit Frischhaltefolie abdecken und 30–40 Minuten an einem warmen, trockenen Ort gehen lassen, bis sich ihre Größe etwa verdoppelt hat.

Den Backofen auf 190 °C vorheizen. Die Brötchen mit verquirltem Ei bestreichen und mit Sesamsamen bestreuen.

Die Brötchen 15–20 Minuten backen, bis sie goldbraun sind, dabei das Backblech nach der Hälfte der Backzeit einmal umdrehen, damit sie gleichmäßig gebacken werden. Die Brötchen auf dem Backblech auf einem Kuchengitter einige Minuten abkühlen lassen und dann am besten sofort lauwarm servieren. Übrige Brötchen halten sich in einem luftdicht verschließbaren Behältnis bei Zimmertemperatur bis zu 7 Tage. Vor dem Servieren wärmt man sie am besten im Backofen wieder kurz auf.

Rapunzels Pfirsich-Ofenpfannkuchen

Flynn Rider, der Dieb, der schließlich auf den rechten Weg zurückfindet, und Rapunzel treffen sich zum ersten Mal, als er sich in ihrem Turm versteckt, weil er eine Krone gestohlen hat. Allerdings hat er nicht damit gerechnet, dass ihn Rapunzel mit einer Bratpfanne niederschlägt und die Krone versteckt. Um die Krone wiederzubekommen, erklärt er sich bereit, ihr zu helfen, an ihrem 18. Geburtstag die Himmelslaternen zu sehen, wo Rapunzel erkennt, dass sie die verlorene Prinzessin von Corona ist. Dieser Ofenpfannkuchen wird in einer Pfanne – wie der, mit der Rapunzel Flynn zur Strecke bringt! – gebacken und ist wunderbar luftig.

4 Eier (M), leicht verquirlt
160 ml Milch
120 g Mehl
1 EL Zucker
1 TL reines Vanilleextrakt
½ TL Salz
60 g Butter

Für die karamellisierten Pfirsiche
1 EL Butter
3 EL Rohrohrzucker
3 reife Pfirsiche oder Nektarinen, geschält, Stein entfernt und in Scheiben geschnitten
Saft von ½ Zitrone

Puderzucker zum Bestäuben

Für 6 Personen

Ein Ofengitter im unteren Dritte in den Backofen schieben und diesen auf 220 °C vorheizen.

Eier, Milch, Mehl, Zucker, Vanilleextrakt und Salz in den Mixer geben und etwa 10 Sekunden mixen. Den Mixer kurz ausschalten, die Mischung mit einem Spatel von den Seitenwänden nach unten schieben und dann weitere 10 Sekunden mixen, bis eine glatte, geschmeidige Masse entsteht.

45 g Butter in eine Gusseisenpfanne (Ø 25 cm) geben und bei mittlerer Temperatur zerlassen, bis die Butter leicht nussig riecht und beginnt, braun zu werden, dabei die Pfanne immer wieder schwenken. Die Butter zur Pfannkuchenmasse in den Mixer geben und kurz mixen, bis alles gut vermischt ist.

Die restliche Butter in die Pfanne geben und diese in den Ofen geben, bis die Butter geschmolzen ist. Die Pfanne wieder herausnehmen, schwenken, bis der Pfannenboden und die Seiten mit Butter bedeckt sind, und dann die Pfannkuchenmasse in die Pfanne gießen. Den Ofenpfannkuchen etwa 15 Minuten backen, dabei die Ofentür geschlossen lassen. Die Temperatur auf 190 °C reduzieren und den Pfannkuchen weitere 10 Minuten backen, bis er leicht aufgeht und goldbraun ist.

In der Zwischenzeit die karamellisierten Pfirsiche zubereiten. Dafür die Butter in eine Pfanne geben und bei mittlerer Temperatur zerlassen. Zucker, Pfirsiche und Zitronensaft dazugeben und unter Rühren etwa 5 Minuten sanft köcheln lassen, bis die Pfirsiche weich sind und die Flüssigkeit leicht andickt wird.

Die karamellisierten Pfirsiche auf den Ofenpfannkuchen geben, alles mit Puderzucker bestäuben und dann direkt aus der Pfanne servieren.

Rezeptvariante
Dieser Ofenpfannkuchen ist eine perfekte Gelegenheit, um dem örtlichen Bauernmarkt einen Besuch abzustatten: Statt Pfirsichen eignen sich auch anderes Steinobst wie Pflaumen oder Kirschen oder frische Beeren.

Meeko-Muffins

Der schlaue Waschbär Meeko ist ein Freund und Begleiter von Pocahontas. Er liebt alles, was mit Essen zu tun hat, und genießt es besonders, den aufgeblasenen Mops Percy zu ärgern. Diese leckeren Maismehl-Blaubeer-Muffins sind ein gutes Beispiel dafür, was sich Meeko unter einem gelungenen Frühstück vorstellen würde. Sie schmecken übrigens besonders gut, wenn man sie lauwarm serviert, auseinanderbricht und mit reichlich Butter bestreicht.

235 g Mehl

155 g Rohrohrzucker

75 g Maismehl

2 TL Backpulver

½ TL Natron

½ TL Salz

¼ TL gemahlene Muskatnuss

2 Eier (M)

250 ml Milch

90 Butter, zerlassen und abgekühlt

125 g frische oder gefrorene Blaubeeren

2 EL Zucker

1 TL gemahlener Zimt

Ergibt 12 Muffins

Den Backofen auf 200 °C vorheizen und eine 12er-Muffinform mit Papierförmchen auslegen.

Mehl, Zucker, Maismehl, Backpulver, Natron, Salz und Muskat in eine mittelgroße Schüssel geben und gut vermischen. Eier, Milch und Butter in eine große Schüssel geben und mit einem Schneebesen gründlich verrühren. Die Mehlmischung dazugeben und unterrühren, bis alles gut vermischt ist. Schließlich vorsichtig die Blaubeeren unterrühren.

Die Masse gleichmäßig auf die Vertiefungen der vorbereiteten Muffinform verteilen und diese dabei zu etwa drei Vierteln füllen. Zucker und Zimt in eine kleine Schüssel geben, gut vermischen und dann gleichmäßig auf die Masse in den Muffinformen streuen.

Die Muffins 15–18 Minuten backen, bis sie goldbraun sind. Bleibt an einem in die Mitte eines Muffins gesteckten Holzstäbchen kein Teig mehr haften, sind sie fertig. Die Muffins etwa 2 Minuten in der Form auf einem Kuchengitter abkühlen lassen, dann herausnehmen, auf ein Kuchengitter geben und noch kurz abkühlen lassen. Die fertigen Muffins lauwarm servieren. Übrige Muffins halten sich in einem Zippbeutel bei Zimmertemperatur bis zu 7 Tage. Vor dem Servieren wärmt man sie am besten wieder kurz im Backofen auf.

Rezeptvariante

Serviert man diese nur leicht süßen Muffins mit Joghurt nach Wahl, erhält man im Handumdrehen einen vollwertigen Snack.

Brummbärs Sauerkirsch-Pop-Tarts

Obwohl er oft sehr mürrisch und brummig ist, ist Brummbär aus *Schneewittchen* doch ein sehr liebenswürdiger Zwerg mit einem Herz aus Gold – auch wenn er das oft nicht zeigt. Diese mit Sauerkirschkonfitüre gefüllten und mit Zuckerguss überzogenen Pop-Tarts würden Brummbärs Herz wahrscheinlich noch schneller zum Schmelzen bringen als ein Kuss von Schneewittchen! Den Teig kann man problemlos einen Tag im Vorhinein zubereiten, sodass die Pop-Tarts ganz schnell zubereitet sind und man sie im Handumdrehen servieren kann.

Für den Teig

315 g Mehl, plus etwas mehr für die Arbeitsfläche

30 g Puderzucker

½ TL Salz

150 g Butter, in Stückchen geschnitten

1 Eigelb (M)

110 ml Milch

Für die Füllung

230 g Sauerkirschkonfitüre oder eine andere Konfitüre nach Wahl

2 TL Maisstärke vermischt mit 1 TL kaltem Wasser

1 Ei (M) verquirlt mit 1 TL warmem Wasser

Für den Zuckerguss

125 g Puderzucker, gesiebt

2 TL Milch

2 TL heller Maissirup

½ TL reines Vanilleextrakt

Zuckerstreusel (optional)

Ergibt 12 Pop-Tarts

Rezeptvariante

Diese durch die Sauerkirschen nicht allzu süßen Leckerbissen schmecken auch ohne Zuckerguss: Man kann sie stattdessen zum Beispiel auch mit Ahornsirup beträufeln – eine tolle natürlich süße Alternative!

Für den Teig Mehl, Puderzucker und Salz in die Küchenmaschine geben und kurz mixen, bis alles gut vermischt ist. Die Butterstückchen darüber verteilen und etwa 1 Minute mixen, bis eine krümelige Mischung entsteht. Das Eigelb und die Milch dazugeben und weitermixen, bis ein grober Teig entsteht. Den Teig auf eine saubere Arbeitsfläche geben und zu einer dicken Scheibe flach drücken. Die Teigscheibe in Frischhaltefolie einschlagen und mindestens 30 Minuten oder noch besser über Nacht in den Kühlschrank geben.

Für die Füllung die Sauerkirschkonfitüre und die Stärkemischung in einen kleinen Topf geben und bei mittlerer Temperatur unter Rühren etwa 5 Minuten sanft köcheln lassen, bis die Mischung leicht andickt und beginnt, Bläschen zu werfen. Den Topf von der Hitze nehmen und die Füllung abkühlen lassen.

Zwei Backbleche mit Backpapier auslegen. Den Teig auf eine leicht bemehlte Arbeitsfläche geben, in zwei Hälften teilen und diese jeweils zu einem groben Rechteck formen. Ein Rechteck ausrollen, bis es eine Größe von mindestens 40 x 23 cm hat. Mithilfe eines Lineals und eines Pizzaschneiders oder eines Messers den Teig in zwölf etwa 10 x 7,5 cm große Rechtecke schneiden. Die Teigrechtecke auf eines der vorbereiteten Backbleche geben und dieses in den Kühlschrank geben. Mit der zweiten Teighälfte wiederholen und die Teigrechtecke auf das zweite Backblech geben.

Die Teigrechtecke mit verquirltem Ei bepinseln, dann je 1 EL Füllung daraufgeben und verstreichen, dabei rundherum einen Rand von etwa 12 mm freilassen. Die restlichen Teigrechtecke aus dem Kühlschrank nehmen, jeweils auf ein mit Füllung bestrichenes Rechteck legen und die Ränder mit den Fingerspitzen gut zusammendrücken, dabei darauf achten, dass keine Füllung an den Rändern hinausgedrückt wird. Die Ränder schließlich mit einer Gabel gut zusammendrücken, jeweils sechs Pop-Tarts mit genügend Abstand zueinander auf ein Backblech geben und in der Mitte mehrmals mit einer Gabel einstechen. Die Pop-Tarts in den Kühlschrank geben und den Backofen auf 190 °C vorheizen.

Die Backbleche in den Backofen (Mitte) geben und die Pop-Tarts 15–18 Minuten backen, bis sie goldbraun sind, dabei die Backbleche nach der Hälfte der Backzeit einmal umdrehen und tauschen, damit die Pop-Tarts gleichmäßig gebacken werden. Die Pop-Tarts auf ein Kuchengitter geben und komplett auskühlen lassen.

In der Zwischenzeit für den Zuckerguss Puderzucker, Milch, Maissirup und Vanilleextrakt in eine kleine Schüssel geben und glatt rühren.

Die Pop-Tarts mit einer großzügigen Schicht Zuckerguss bestreichen und nach Wunsch mit Zuckerstreuseln bestreuen. Die Pop-Tarts etwa 20 Minuten stehen lassen, bis der Zuckerguss getrocknet ist, und dann servieren. Übrige Pop-Tarts halten sich in einem luftdicht verschließbaren Behältnis bis zu 7 Tage.

Aladdins gestohlene Milchbrötchen

Man merkt sofort, was für ein großes Herz Aladdin hat, wenn er mit seinem Affen Abu einen Laib Brot stiehlt und diesen lieber den hungrigen Kindern gibt, die ihm dabei zusehen, als ihn selbst zu essen. Diese süßen Milchbrötchen mit Orangenblüten- und Rosenwasser basieren auf den iranischen süßen Brötchen *shubbak el-habayeb*. Hier werden acht kleine Brötchen zubereitet, man kann aber auch 16 Mini-Brötchen oder vier große Laibe formen.

250 ml Milch, auf etwa 45 °C erwärmt

2 ½ TL Trockenhefe

120 g Zucker

630 g Mehl

1 TL Salz

1 TL gemahlener Kardamom

½ TL gemahlener Zimt

2 Eier (M)

2 TL Rosenwasser

2 TL Orangenblütenwasser

90 g weiche Butter, in Stückchen geschnitten

Maiskeimöl für die Schüssel

1 Ei (M) verquirlt mit 1 TL Wasser zum Bestreichen

1 EL geröstete Sesamsamen

Ergibt 8 kleine Brötchen

Milch, Hefe und 90 g Zucker in die Küchenmaschine geben, gut umrühren und 5–10 Minuten stehen lassen, bis die Mischung beginnt, Bläschen zu werfen.

Mehl, Salz, Kardamom und Zimt in eine mittelgroße Schüssel geben und gut vermischen. Die Mehlmischung, die Eier, das Rosen- und das Orangenblütenwasser zur Hefemischung in die Küchenmaschine geben und alles mit dem Knethaken etwa 5 Minuten auf mittlerer Stufe verkneten, bis ein grober Teig entsteht. Weiterkneten und dabei nach und nach die Butterstückchen dazugeben. Schließlich noch etwa 10 Minuten kneten, bis ein glatter Teig entsteht, der sich von den Seitenwänden der Schüssel löst.

Eine große Schüssel mit Maiskeimöl auspinseln. Den Teig hineingeben, mit Frischhaltefolie abdecken und an einem warmen, trockenen Ort etwa 2 Stunden gehen lassen, bis sich die Größe verdoppelt hat.

Zwei Backbleche mit Backpapier auslegen. Den Teig auf eine saubere Arbeitsfläche geben und in acht gleich große Portionen zerteilen. Die Teigportionen mit den Händen zu etwa 12 mm dicken Ovalen flach drücken. Diese mit einem kleinen, scharfen Messer schräg jeweils dreimal im Abstand von etwa 2,5 cm etwa 4 cm breit einschneiden. Die Einschnitte etwas auseinanderziehen und die Teigovale dann auf die vorbereiteten Backbleche geben. Die Teigovale mit einem Geschirrtuch oder mit Frischhaltefolie lose abdecken und an einem warmen, trockenen Ort nochmals 30–40 Minuten gehen lassen.

Den Backofen auf 180 °C vorheizen. Die Teigovale mit etwas verquirltem Ei bestreichen und dann gleichmäßig mit Sesamsamen und dem restlichen Zucker bestreuen.

Die Brötchen 20–25 Minuten backen, bis sie goldbraun sind, dabei die Backbleche nach der Hälfte der Backzeit einmal umdrehen und tauschen, damit die Brötchen gleichmäßig gebacken werden. Die fertigen Brötchen auf Kuchengittern abkühlen lassen und lauwarm oder bei Zimmertemperatur servieren. Am besten schmecken sie, wenn man sie noch am gleichen Tag serviert, in einem luftdicht verschließbaren Behältnis halten sie sich aber bei Zimmertemperatur bis zu 3 Tage. Am besten wärmt man die Brötchen wieder kurz im Backofen auf, bevor man sie serviert.

Grundrezepte

Pieteig

Ergibt genug Teig für einen großen Pie (Ø 23 cm) oder 12 Mini-Pies (Ø 7 cm)

235 g Mehl

1 EL Zucker (optional)

¼ TL Salz

125 g sehr kalte Butter, in Stückchen geschnitten

Mehl, falls verwendet Zucker und Salz in die Küchenmaschine geben und mixen, bis alles gut vermischt ist. Die Butterstückchen darüber verteilen und mehrmals einige Sekunden mixen, bis die Butter grob mit dem Mehl vermischt ist, aber noch kleinere Stückchen zu sehen sind. 6 EL eiskaltes Wasser darüber verteilen und dann wieder mixen, bis ein grober Teig entsteht. Falls sich der Teig nicht gut verbindet, nach und nach teelöffelweise noch etwas mehr eiskaltes Wasser dazugeben.

Den Teig auf eine saubere Arbeitsfläche geben und zu einer dicken Scheibe flach drücken. Die Teigscheibe in Frischhaltefolie einschlagen und mindestens 30 Minuten bis zu 1 Tag im Kühlschrank gut durchkühlen lassen.

Pieteig für gedeckte Pies

Ergibt genug Teig für einen großen gedeckten Pie (Ø 23 cm), zwei große Pies (Ø 23 cm) oder sechs kleine gedeckte Pies (Ø 10 cm)

390 g Mehl

2 EL Zucker (optional)

½ TL Salz

185 g sehr kalte Butter, in Stückchen geschnitten

Mehl, falls verwendet Zucker und Salz in die Küchenmaschine geben und mixen, bis alles gut vermischt ist. Die Butterstückchen darüber verteilen und mehrmals einige Sekunden mixen, bis die Butter grob mit dem Mehl vermischt ist, aber noch kleinere Stückchen zu sehen sind. 170 ml eiskaltes Wasser darüber verteilen und dann wieder mixen, bis ein grober Teig entsteht. Falls sich der Teig nicht gut verbindet, nach und nach teelöffelweise noch etwas mehr eiskaltes Wasser dazugeben.

Den Teig auf eine saubere Arbeitsfläche geben und zu einer Kugel formen. Die Kugel in zwei Hälften teilen, diese jeweils zu einer dicken Scheibe flach drücken, in Frischhaltefolie einschlagen und mindestens 30 Minuten bis zu 1 Tag im Kühlschrank gut durchkühlen lassen.

Glutenfreier Pieteig

Ergibt genug Teig für einen großen Pie (Ø 23 cm)

70 g Hafermehl

70 g braunes Reismehl

60 g Tapiokastärke

2 EL Zucker (optional)

½ TL Xanthan

¼ TL Salz

125 g kalte Butter, in etwa 1 cm große Stückchen geschnitten

60 g gut gekühlter Frischkäse, in Stückchen geschnitten

1 Ei (M)

Hafermehl, Reismehl, Tapiokastärke, falls verwendet Zucker, Xanthan und Salz in die Küchenmaschine geben und mixen, bis alles gut vermischt ist. Die Butter- und die Frischkäsestückchen darüber verteilen und mehrmals einige Sekunden mixen, bis sie grob mit dem Mehl vermischt sind, aber noch etwa erbsengroße Stückchen zu sehen sind. Das Ei und 2 EL eiskaltes Wasser dazugeben und mixen, bis ein grober Teig entsteht, der zusammenhält, wenn man ihn mit den Händen zusammendrückt.

Ein Stück Backpapier auf die Arbeitsfläche geben und den Teig daraufgeben. Den Teig zu einer Kugel formen und dann zu einer etwa 12 mm dicken Scheibe flach drücken. Die Teigscheibe in das Backpapier einschlagen und mindestens 2 Stunden oder über Nacht im Kühlschrank gut durchkühlen lassen.

Tarteteig

Ergibt genug Teig für eine große Tarte (Ø 23 cm)

1 Eigelb (M)

1 TL reines Vanilleextrakt

200 g Mehl

3 EL Zucker

¼ TL Salz

125 g kalte Butter, in Stückchen geschnitten

Das Eigelb, 2 EL Wasser und das Vanilleextrakt in eine kleine Schüssel geben und gut verrühren. Mehl, Zucker und Salz in die Küchenmaschine geben und mixen, bis alles gut vermischt ist. Die Butterstückchen darüber verteilen und mehrmals einige Sekunden mixen, bis nur noch sehr kleine Butterstückchen zu sehen sind und die Mischung von der Konsistenz her an Semmelbrösel erinnert. Die Eigelb-Wasser-Mischung dazugeben und wieder mixen, bis ein grober Teig entsteht.

Den Teig auf eine saubere Arbeitsfläche geben und zu einer dicken Scheibe flach drücken. Die Teigscheibe in Frischhaltefolie einschlagen und mindestens 30 Minuten bis zu 1 Tag im Kühlschrank gut durchkühlen lassen.

Vanille-Buttercreme

Ergibt etwa 450 g

125 g weiche Butter

310 g Puderzucker

3 EL Milch

1 TL reines Vanilleextrakt

1 Prise Salz

Die Butter in eine Schüssel geben und mit dem Handrührgerät auf mittlerer Stufe etwa 2 Minuten schaumig rühren. Das Handrührgerät kurz ausschalten und die Butter mit einem Spatel von den Seitenwänden der Schüssel nach unten schieben. Puderzucker, Milch, Vanilleextrakt und Salz dazugeben und auf niedrigster Stufe unterrühren, dabei nach Bedarf das Handrührgerät immer wieder ausschalten und die Mischung von den Seitenwänden der Schüssel nach unten schieben. Dann auf die mittlere Stufe schalten und die Mischung etwa 5 Minuten luftig aufschlagen. Die Buttercreme entweder sofort verwenden oder abgedeckt bis zu 7 Tage im Kühlschrank aufbewahren. Die Buttercreme vor der Verwendung aus dem Kühlschrank nehmen, sodass sie Zimmertemperatur annehmen kann.

Frischkäse-Frosting

Ergibt etwa 450 g, genug für einen Kuchen mit zwei Schichten (Ø 23 cm) oder 12–24 Cupcakes

250 g Frischkäse (Zimmertemperatur)

60 g weiche Butter

2 TL reines Vanilleextrakt

125 g Puderzucker, gesiebt

Frischkäse, Butter und Vanilleextrakt in eine Schüssel geben und mit dem Handrührgerät auf mittlerer Stufe etwa 2 Minuten schaumig rühren. Nach und nach den Puderzucker dazugeben und weiterrühren, bis alles gut vermischt ist, dabei nach Bedarf das Handrührgerät immer wieder ausschalten und die Mischung von den Seitenwänden der Schüssel nach unten schieben. Das Frosting entweder sofort verwenden oder für etwa 15 Minuten in den Kühlschrank geben, falls es zu weich ist. Im Kühlschrank hält es sich bis zu 3 Tage.

Luftige Honig-Buttercreme

Ergibt etwa 565 g

250 g weiche Butter

120 Honig

¼ TL Salz

500 g Puderzucker

3 EL Sahne, plus etwas mehr nach Bedarf

2 TL reines Vanilleextrakt

Butter, Honig und Salz in eine Schüssel geben und mit dem Handrührgerät auf mittlerer Stufe etwa 2 Minuten schaumig rühren. Das Handrührgerät kurz ausschalten und die Mischung mit einem Spatel von den Seitenwänden der Schüssel nach unten schieben. 250 g Puderzucker in die Schüssel sieben und auf niedrigster Stufe unterrühren, bis alles gut vermischt ist. Auf die höchste Stufe schalten und weitere 3 Minuten rühren, bis eine glatte Mischung entsteht. Den restlichen Puderzucker in die Schüssel sieben, Sahne und Vanilleextrakt dazugeben und auf niedrigster Stufe unterrühren, bis alles gut vermischt ist. Das Handrührgerät kurz ausschalten, die Mischung mit einem Spatel von den Seitenwänden der Schüssel nach unten schieben und schließlich auf mittlerer Stufe etwa 5 Minuten luftig aufschlagen. Die Buttercreme sollte sich gut verstreichen lassen, ansonsten einfach teelöffelweise Sahne unterrühren, bis die gewünschte Konsistenz erreicht ist. Die Buttercreme entweder sofort verwenden oder abgedeckt bis zu 2 Tage im Kühlschrank aufbewahren. Vor der Verwendung gut durchrühren.

Royal Icing

Ergibt etwa 225 g

2 EL flüssiges pasteurisiertes Eiweiß (Zimmertemperatur)

⅛ TL Weinsteinbackpulver

1 Prise Salz

190 g Puderzucker, gesiebt

Eiweiß, Weinsteinbackpulver und Salz in eine Schüssel geben und mit dem Handrührgerät auf mittlerer Stufe verrühren, bis alles gut vermischt ist. Den Puderzucker einrieseln lassen und unterrühren, bis alles gut vermischt ist. Auf die höchste Stufe schalten und weitere 7–8 Minuten rühren, bis die Masse glänzt und Spitzen zieht. Das Royal Icing entweder sofort verwenden oder bis zu 6 Stunden im Kühlschrank aufbewahren.

Zuckerguss

Ergibt etwa 240 g

250 g Puderzucker, gesiebt

1 EL heller Maissirup

1 TL reines Vanilleextrakt

Lebensmittelfarbe(n) nach Wahl

Puderzucker, 2 EL warmes Wasser, Maissirup und Vanilleextrakt in eine Schüssel geben und gut verrühren. 2 Tropfen (oder nach Wunsch für eine intensivere Farbe mehr) Lebensmittelfarbe dazugeben und gut unterrühren. Falls man mehrere Farben verwenden möchte, den Zuckerguss auf mehrere Schüsseln verteilen und dann nach Wunsch färben.

Den Zuckerguss in einen oder bei verschiedenen Farben mehrere Spritzbeutel mit kleiner runder Tülle füllen. Alternativ kann man den Zuckerguss auch in einen oder mehrere Zippbeutel füllen, diese verdrehen und dann eine der unteren Ecken in der gewünschten Größe abschneiden. Nach dem Verzieren etwa 20 Minuten warten, bis der Zuckerguss getrocknet ist.

Vanillekekse

Ergibt etwa 36 Kekse

315 g Mehl, plus etwas mehr für die Arbeitsfläche und zum Bemehlen

½ TL Backpulver

¼ TL Salz

125 g weiche Butter

250 g Zucker

1 Ei (M)

1 ½ TL reines Vanilleextrakt

Mehl, Backpulver und Salz in eine mittelgroße Schüssel geben und gut vermischen. Butter und Zucker in eine große Schüssel geben und mit dem Handrührgerät auf mittlerer Stufe etwa 1 Minute schaumig rühren. Das Ei und das Vanilleextrakt dazugeben und gut unterrühren. Das Handrührgerät kurz ausschalten und die Mischung mit einem Spatel von den Seitenwänden der Schüssel nach unten schieben. Nach und nach die Mehlmischung dazugeben und auf niedrigster Stufe unterrühren, bis alles gut vermischt ist und ein krümeliger Teig entsteht, dabei nach Bedarf das Handrührgerät immer wieder ausschalten und den Teig von den Seitenwänden der Schüssel nach unten schieben.

Den Teig auf eine saubere Arbeitsfläche geben und zu einer Kugel formen. Die Kugel in zwei Hälften teilen, diese jeweils zu einer dicken Scheibe flach drücken, in Frischhaltefolie einschlagen und mindestens 1 Stunde oder über Nacht in den Kühlschrank geben.

Den Backofen auf 180 °C vorheizen und zwei Backbleche mit Backpapier auslegen. Eine Teigscheibe auf eine leicht bemehlte Arbeitsfläche geben, mit etwas Mehl bestäuben und dann etwa 6 mm dünn ausrollen, dabei nach Bedarf immer wieder mit Mehl bestäuben, damit der Teig nicht auf der Arbeitsfläche oder am Nudelholz klebenbleibt. Mit einem Ausstecher nach Wahl so viele Kekse wie möglich ausstechen und mit jeweils 2,5 cm Abstand zueinander auf die vorbereiteten Backbleche geben. Die Teigreste verkneten, in Frischhaltefolie einschlagen und in den Kühlschrank geben. Mit der zweiten Teigportion wiederholen. Die Teigreste mit den gekühlten Teigresten verkneten, etwa 6 mm dünn ausrollen und weitere Kekse ausstechen, bis der Teig aufgebraucht ist.

Ein Backblech in den Backofen geben und die Kekse 10–12 Minuten backen, bis sie an den Rändern goldbraun sind. Die Kekse etwa 10 Minuten auf dem Blech auf einem Kuchengitter abkühlen lassen, dann auf ein Kuchengitter geben und komplett auskühlen lassen. Die restlichen Kekse ebenso backen. Die Kekse nach Rezept verwenden oder nach Wunsch mit Zuckerguss (siehe Seite 130) oder Royal Icing (siehe Seite 130) verzieren.

Schlagsahne

Ergibt etwa 255 g

240 g Sahne

1 EL Zucker, oder mehr nach Geschmack

1 TL reines Vanilleextrakt

Sahne, Zucker und Vanilleextrakt in eine Schüssel geben und mit dem Handrührgerät auf mittlerer Stufe steif schlagen (wenn man die Rührbesen anhebt, sollten die Spitzen ihre Form behalten, aber umfallen). Die Sahne dabei nicht zu lange schlagen, sonst wird sie krisselig oder zu Butter! Die Schlagsahne entweder sofort verwenden oder bis zu 2 Stunden in den Kühlschrank geben, dann aber vor dem Servieren nochmals kurz mit einem Schneebesen durchrühren.

Weiße Schokoladen-Buttercreme

Ergibt etwa 225 g

60 g weiße Schokolade, fein gehackt

60 g weiche Butter

155 g Puderzucker

1 ½ EL Milch

¼ TL reines Vanilleextrakt

1 Prise Salz

Die Schokolade in eine kleine mikrowellengeeignete Schüssel geben und für 25 Sekunden in der Mikrowelle erhitzen. Die Schüssel herausnehmen, gut umrühren und die Schokolade dann in 15-Sekunden-Intervallen erhitzen, dabei immer wieder umrühren, bis sie komplett geschmolzen ist. Die geschmolzene Schokolade etwa 10 Minuten abkühlen lassen.

Die Butter in eine Schüssel geben und mit dem Handrührgerät auf mittlerer Stufe etwa 2 Minuten schaumig rühren. Das Handrührgerät kurz ausschalten und die Butter mit einem Spatel von den Seitenwänden der Schüssel nach unten schieben. Puderzucker, Milch, Vanilleextrakt und Salz dazugeben und auf mittlerer Stufe unterrühren. Schließlich die Schokolade dazugeben und gut unterrühren. Das Handrührgerät kurz ausschalten, die Mischung mit einem Spatel von den Seitenwänden der Schüssel nach unten schieben und schließlich auf mittlerer Stufe etwa 5 Minuten luftig aufschlagen. Die Buttercreme entweder sofort verwenden oder bis zu 2 Tage in einem luftdicht verschließbaren Behältnis im Kühlschrank aufbewahren. Vor der Verwendung gut durchrühren.

Register

Klimaneutrales Produkt

Die deutsche Ausgabe erscheint bei: CHP in der Carlsen Verlag GmbH,
Völckersstraße 14–20, 22765 Hamburg
Alle Rechte vorbehalten.

ISBN 978-3-8455-1371-3

Produktionsbetreuung Print Company Verlagsgesellschaft m.b.H.
Übersetzung Daniela Schmid
Lektorat Bettina Dietrich
Redaktion Constanze Steindamm
Herstellung Nadine Beck

www.carlsen.de

Fotografie Waterbury Publications, Inc., Des Moines IA
Originalrezepte und Text von Kim Laidlaw

Printed and bound in China

DANKSAGUNG
Weldon Owen bedankt sich herzlich bei Nial Leve, Eve Lynch, Elizabeth Parson und Sharon Silva
für ihre großzügige Unterstützung bei der Produktion dieses Buches.